英汉并列结构对比与翻译

邱艳春 著

中国海洋大学出版社
· 青岛 ·

图书在版编目（CIP）数据

英汉并列结构对比与翻译 / 邱艳春著 . -- 青岛：
中国海洋大学出版社，2025.4. -- ISBN 978-7-5670
-4098-4

Ⅰ. H1；H31

中国国家版本馆 CIP 数据核字第 2025AL6808 号

出版发行	中国海洋大学出版社			
社　　址	青岛市香港东路 23 号	邮政编码	266071
出 版 人	刘文菁			
网　　址	http://pub.ouc.edu.cn			
订购电话	0532－82032573（传真）			
责任编辑	邵成军	电　　话	0532－85902533
印　　制	日照日报印务中心			
版　　次	2025 年 4 月第 1 版			
印　　次	2025 年 4 月第 1 次印刷			
成品尺寸	170 mm×240 mm			
印　　张	13.5			
字　　数	224 千			
印　　数	1—1 000			
定　　价	79.00 元			

目 录
CONTENTS

理论篇

第一章 〉〉

绪　论

　　党的二十大报告指出,我们必须推进文化自信自强,铸就社会主义文化新辉煌,增强中华文明传播力、影响力;坚守中华文化立场,提炼展示中华文明的精神标识和文化精髓,加快构建中国话语和中国叙事体系,讲好中国故事、传播好中国声音,展现可信、可爱、可敬的中国形象;加强国际传播能力建设,全面提升国际传播效能,形成同我国综合国力和国际地位相匹配的国际话语权;深化文明交流互鉴,推动中华文化更好走向世界。推动文化自信,讲好中国故事,主要依赖于语言。了解不同语言表达的习惯,才能更好地进行文化输出。因此,向世界传递中国声音,需要进行英汉对比。

一、对比的思维基础

　　语言是人类最重要的沟通交流方式。人们说话时所用的语言是表达思想、进行交际的工具。思想和思维不同。思想是人们对现实世界的认识,思维是认识现实世界时动脑筋的过程,也指动脑筋时进行比较、分析、综合以认识现实的能力。(叶蜚声,徐通锵,1997)语言是人类文化或文明传承的重要载体,正如 Halliday(1994)所言,语言的元功能包括概念功能、人际功能和语篇功能。

　　关于语言与思维的关系,最经典的理论是美国学者萨丕尔及其弟子沃尔夫提出的萨丕尔-沃尔夫假说。该假说认为语言塑造思维方式,因而,不同的语言可能表达说话者认识世界的独特方式。具体而言,可以从两个方面阐释。一方面,语言决定我们的思维方式。每一种语言都因使用者的文化不同而有了不同的形式和类属。人们既根据这些形式和类属进行交往,又用这些形式和类属分析现实,关注或忽略某种关系和现象,梳理自己的推理并构建自己的意识。显而易见,不同语言使用者对现实的分析、推理以及意识构建是不同的。这就是语言决定论这一强假设。另一方面,语言之间的相似性是相对的,不是绝对的。任何思维都依赖于语言。语言与思维既相互独立又彼此影响。日常生活中,我们表达思想经常脱口而出,仿佛忽略了思维这个过程,犹如没有思考。事实上,当我们遇到复杂的问题时,我们会下意识进行思考,这时候就深刻感受到思考过程了。思考过程所用的语言与我们实际说话所用的语言是一致的。由于语言在很多方面都有不同,沃尔夫还认为,使用不同语言的人对世界的感受和体验也不同,也就是说与他们的语言背景有关,这就是语言相对论。由萨丕尔-沃尔夫假设的这种强假设可以得出这样的结论:翻译要克服语言和思维的差异绝非易事,学习者也很难学会另一种文化区的语言,除非他彻底抛弃已有的思维模式,并习得目的语的本族语者的思维模式。

二、对比的理论理据

翻译是一种语言活动,是把一种语言文字转换成另一种语言文字而不改变其意义的语言活动。两种语言文字的顺利转换离不开对比。对比,是把两个事物放置在一起,进行对照比较的表现手法。对比是把对立的意思或事物,或把事物的两个方面放在一起作比较,给读者留下深刻的印象和启示。

两种对立的事物是平行的并列关系,并无主次之分。对比思维是基于人的分析需求,对同一事物的同一属性或不同事物的共同属性进行对照比较的心理活动过程。对比不是对比事物本身,而是对比事物的某种属性,抑或对比不同时空中同一事物的同一属性,或对比不同事物的共同属性。对比思维有益于人们厘清事物的属性,满足自身的物质需求和精神需求。

在语言学领域,"对比"与"比较"是两个不同的概念。对比语言学的英文是"contrastive linguistics",比较语言学的英文是"comparative linguistics"。二者不能等同。对比语言学和比较语言学虽然都以两种或两种以上的语言为研究对象,但它们的出发点和焦点不同:比较语言学旨在"求同",侧重于探索语言的共性和历史演变,而对比语言学旨在"求异",侧重于揭示不同语言之间的独特性和差异性。

　　比较语言学又称为比较语法。语法是广义的语法，即语言的法则或整个语言学。美国语言学家 Noam Chomsky 创立的"转换生成语法"，属于比较语言学。它主要通过对不同语言进行历时研究，探究语言的共性或试图建立一个共同的母语。与此相反，对比语言学主要通过对不同语言的不同方面进行共时研究，寻求语言教学、语际翻译及本族语研究的转换、对应及干扰因素。"对比语言学"这一概念源自美国语言学家 B. L. Whorf 的《语言与逻辑》，而最早的文献来自美国语言学家 C. C. Fries 的《论英语作为外语的教学》和 R. Lado 的《跨文化语言学》。

　　根据潘文国（1997），对比语言学和比较语言学都以两种或两种以上的语言为研究对象。二者不同点主要体现在对象、目标、方法和重点、历史和发展趋势方面。

　　对象不同。比较语言学以亲属语言为研究对象，对比语言学还适用于非亲属语言。语言具有一定的普遍性，同一语系的语言具有一定的相似性，不同语系的语言也具有很大的可比性。比如，英语与汉语属于不同的语系，二者在一些方面是相同的，在另一些方面又有差异性。

　　目标不同。比较语言学试图研究各语言的共性，寻求语言的普遍规则。对比语言学是共性与差异性并重，但更侧重语言之间的差异性，这对语言教学和翻译研究意义匪浅。

　　方法和重点不同。比较语言学采用历时研究，重点是探寻相似点。对比语言学采用共时研究，关注相似点，更关注相异点。两种语言的差异对比可以减少或避免学习或翻译中的错误。

　　历史和发展趋势不同。比较语言学起源于 19 世纪初。德国语言学家 F. von Schlegel 首先提出"比较语法"一词。随后，丹麦人 R. Rask 于 1814 年的《古代北方语或冰岛语起源研究》和德国人 Bopp 于 1816 年的《论梵语动词变位系统与希腊语、拉丁语和日耳曼语的比较》中使用该词。在 19 世纪，比较语言学达到鼎盛期。进入 20 世纪以后，现代语言学兴起，比较语言学逐渐衰退。第二次世界大战期间，随着外语教学的迫切需求，对比语言学产生。美国语言学家 B. L. Whorf 首次提出"对比语言学"这一概念。1957 年，美国语言学家 C. C. Fries 在《论英语作为外语的教学》中和 R. Lado 在《跨文化语言学》中均使用该词。20 世纪 70 年代以后，随着社会语言学、功能语言学、心理语言学、认知语言学等语言学新学科的兴起,对比语言学产生了新的高潮,已成为"大语言学"和外语教学的重要组成部分。

三、对比的现实意义

语言本身是一种文化现象。它既是文化的载体,又受到文化的影响和制约。英汉两民族的文化差异显著,反映在传统观念、宗教信仰、风俗习惯、地理历史等多方面。英汉对比已有一百多年的历史。对比不仅可以帮助人们掌握英汉语言之间的异同,还可以帮助我们更好地进行国际合作。具体体现在以下方面。

(一)英汉对比可以促进跨文化交流

随着全球化的深入发展,英汉互译和跨文化交流的需求日益增长。对英汉语言特点的深入理解和对比分析,有助于更好地理解和应用这两种语言,进而加深对两种语言文化的理解,这对于跨文化交流和国际交往具有重要意义。恩格斯说过,只有懂得外国语,才能更深刻地理解本国语。英汉对比无疑是发展语言经济、宣传语言文化的实际证明,也是扩大中国话语传播、讲好中国故事的重要途径之一。

(二)英汉对比可以指导教学实践

英汉对比研究不仅限于学术研究,对于外语教学也具有指导意义。通过对比分析,教师可以更好地理解学生的学习难点,从而调整教学方法,提高教学效果。英语是世界上使用范围最广的语言,汉语是世界上使用人数最多的语言。随着汉语热和中国热的兴起,英汉对比的意义更加凸显。用英语的视角和思维来审视汉语,往往会有意外的惊喜和发现,正所谓他山之石,可以攻玉。反之亦然。

(三)英汉对比可以推动语言研究的发展

语言的发展离不开外部因素。外来语就是其中一个因素。在经济全球化的今天,外来语对本族语的影响更加直接。英汉对比研究有助于揭示两种语言背后的文化差异和思维方式。通过对比研究,可以发现新的研究方向和问题,推动语言研究的深入发展,为语言翻译实践提供更有力的理论支持和实践指导。

四、对比的研究视角

英汉对比分宏观和微观两个方面。(赵世开,1985;王金安,2002;贾信信,2020)宏观研究语言与外部因素的关系,微观研究语言内部结构。英汉对比宏观研究成果比较少,微观比较丰硕。

(一)英汉语言宏观对比

文化是语言赖以生存和发展的土壤,语言不能脱离文化而存在。语言是文化的载体和交流的工具,是文化的镜子,而文化是语言发展的动力。(李成明、杨洪娟,2013)英汉语言因产生的地域环境不同,且受各自的社会历史和文化传统的影响,形成了独特的语言习惯和文化背景。

汉语的表达习惯是先整体后部分。在描述地址时,按照国家、省、市、县(区)、乡、村依次排列。比如,山东省青岛市西海岸新区。英语的表达习惯刚好相反,先部分后整体,上例应为 West Coast New Area, Qingdao, Shandong Province。

英汉民族的地理环境、历史发展、风俗习惯的不同,造成了各自文化的差异。比如,在西方,晚辈可以直呼长辈的名字,而中国人认为长幼有序,直呼长辈名字视为不礼貌。

(二)英汉语言微观对比

英汉语言微观对比主要包括语音、词汇、句法、语篇等方面。语言直接反映文化现实,忠实地反映一个民族的全部历史文化。不同的民族有着各自的历史进程。在历史发展的长河中,不同的传统习俗、文化渊源、地域时空和宗教信仰给语言留下了独特而深刻的文化烙印。

以词汇的构词法为例。英语构词法主要有派生法、缩略法、类比构词法和音意兼译法。派生法,一般在词根的前后加词缀,构成与原意义相近或相反的词,一般而言,前缀改变词义,词性不变。如表示否定意义的 dis-, in-, un-, de-, anti-, counter-;表示"大"的 macro-, mega-, -magn。后缀一般会改变词性,词义保持不变,如表示名词的后缀:-hood, -ness, -ment, -er, -ity, -dom, -tion;表示动词的后缀:-ise, -fy, -en;表示副词的后缀:-ly, -wise, -wards。缩略法包括截短法、首字母缩略法、拼缀法等。类比构词法,即依照原有的同类词引出对应词。如"white collar"(白领阶层)类推出"blue collar"(蓝领阶层)、"pink collar"（粉领阶层）。音意兼译法，如"vitamin"（维他命）、"coca-cola"（可口可乐）、"typhoon"（台风）。汉语的构词法主要有双音节化法、派生法以及外来语中的音译法、意译法和音意兼译法。双音节化法即单音节扩充为双音节、多音节压缩为双音节，比如以"水"为第一个语素，与其他语素可以组合成为"水源""水果"；多音节"彩色电视机"简称为"彩电"。派生法是以改变词头、词尾、类词缀、中缀的方式，达到构建新词的目的。词头如"阿～""第～"，扩充为"阿姨""第一"；词尾如"～儿""～子"，扩充为"头儿""面子"；类词缀如"非～""超～"，扩充为"非营利组织""超高速"；中缀如"～不～""～了～"，可组词为"吃不消""看了看"。音意兼译法是将音译和意译有机融合为一体的翻译方法，同时兼顾语音和词义，如"因特网"（Internet）、"霓虹灯"（neonlamp）、"冰激凌"（ice-cream）。（贾信信，2020）

语言对比研究有两种取向：一是同中求异，即从对比相同中探究相异点；二是异中求同，即从对比相异中探究相同点或相似点。不论哪种取向，都是从大量的语言事实中发掘被对比语言的相异点和相同点。此之谓方法相同，目的不同。前者是语言个性的研究，即在对比中寻找相同点的同时，更侧重发掘相异点，从而服务于语言教学或翻译实践等，它属于应用语言学范畴。后者是语言共性的研究，即在对比中找出相异点的同时，主要发掘语言的普遍规律，从而丰富普通语言学理论。

20世纪80年代以来，不少英汉对比或汉英对比的专著问世。例如，1981年任学良老师的《汉英比较语法》，张今老师和陈云清老师合著的《英汉比较语法纲要》，赵志毅老师的《英汉语法比较》；1982年吴洁敏老师的《汉英语法手册》；1985年徐士珍老师的《英汉语比较语法》；1989年邓炎昌老师和刘润清老师合著的《语言与文化：英汉语言文化对比》；1990年杨自俭老师和李瑞华老师合编的《英汉对比研究论文集》；1991年刘宓庆老师的《汉英语对比与翻译》；1995年周志培老师和冯文池老师合著的《英汉语比较与科技翻译》；1996年李瑞华老师的《英汉语文化对比研究论文集》；1997年潘文国老师的《汉英语对比纲要》；1999年赵世开老师的《汉英对比语法论集》；2003年周志培老师的《汉英对比与翻译中的转换》；2006年何南林老师的《汉英语言思维模式对比研究》；2010年连淑能老师的《英汉对比研究》；2013年李成明老师和杨洪娟老师合著的《英汉语言对比分析》；2019年薛锦老师的《英汉语言

对比分析和研究》。近年来,关于英汉对比微观层面的著作纷纷问世,不在此
一一详列。

第二章 >>

英汉并列结构之比较

    并列结构(coordinate structure)是两个或两个以上结构成分(structural constituents)的连续排列,这些结构成分即并列体(conjunct),可以是词、短语或句子。几乎在所有的语言中都存在的并列结构在不同语言中有不同的句法特性。句法学对并列结构的研究,着重在寻求形成并列结构的普遍限制上。具体讲,就是研究在什么情况下哪些结构成分可以组合在一起形成并列结构。本章将在转换语法的框架下讨论英汉语并列结构的句法和语义差异。

一、英语并列结构

    Noam Chomsky 在其著作《句法结构》(1957)中对并列结构的生成方式进行了简短的论述,提出了并列结构生成的两个基本限制条件:并列的每个项目都必须是一个成分(constituent);所有并列的成分都必须是同一种类型(type)。

    Randolph Quirk 与 Geoffrey Leech 等在 1985 年出版的《英语语法大全》中指出并列结构是"the units are constituents at the same level of constituent structure"。并列结构从形式上分为带连词的并列结构(syndetic coordination)和无连词的并列结构(asyndetic coordination)。

    图 2-1 经常用来表征并列结构。

$$X \rightarrow X \text{ and } X$$

图 2-1　并列结构

    此图式排除了假并列结构,如"nice and cool""by and large""go and V""run and V""try and V"。最后三种动词并列尤为特殊。它们中只有个别在英语中存在,所有的并列体在德语和荷兰语中都不存在。举例来说,"try and V"结构通常用于表达一种尝试去做某事的意愿,它通常不用于过去式。这是因为"try"和"V"(动词原形)的组合更多地用于表达现在的或未来的计划或意愿,而不是过去的行动或事件。在英语中,"and"用于连接两个或多个并列的成分,表示一种并列关系。因此,"and"不能被"to"代替,因为这样的替换会改变句子的结构和意义。"to"在英语中通常用于引导目的状语或不定式结构,而"and"则用于连接两个平等的成分。Chomsky(1957)指出语言分析的根本目的在于把能构成这一语言的句子的、符合语法的序列(grammatical sequences)和不能构成这一语言的句子的、不符合语法的序列(ungrammatical sequences)区分开来,并且把那些符合语法的序列的结构加以研究。(邢公畹,1979)我们考查并列体的连接类型的根本目的也是如此。Chomsky认为并列结构总是句子并列经过转换删略形成的句法成分并列。相反,Dougherty(1970)提出短语结构规则来解释并列结构。也就是说,并列结构总是在短语层次上操作。Chomsky的句子并列和Dougherty的短语并列互补。Hudson(1988)认为并列结构就是一连串并列的术语(从句、短语或单词),任一并列术语就是一个并列体,即并列体有从句、短语和单词三个层次。尽管并列结构有不同的定义,但其基本成分是并列体和并列词,即连词。在 Chomsky相同句法成分并列的基础上,Schachter(1977)提出了并列成分限制条件(coordinate constituent constraints,简称 CCC)来判断并列结构是否合乎语法。

并列成分限制条件:并列结构的成分必须是同一句法类型和同一语义功能。

由并列成分限制条件可知,只有并列的元素是同一句法类型和同一语义功能才能形成并列结构。并列成分限制条件解释了相同词类并列结构的合乎语法性。如例 1 所示:

例 1:John ate quickly and greedily.

很明显,"quickly"和"greedily"都是方式状语,用来描述"ate"这一动作。

例 2:John and a hammer broke the window.

尽管两个并列体处于平行结构,但主语的语义角色不同。一个主语是施事者 John,另一个是工具"a hammer"。不同语义关系的连接违背我们的常识。例 2 的明显对比表明,关于一个缩减的并列结构包含的并列,我们必须把句法类型、语义功能和语义角色一起来考虑。因而,我们必须对并列成分限制条件作一补充。

修订的并列成分限制条件:一个并列结构的成分必须属于同一句法类型、具有同一语义功能,必要时语义角色要保持一致。

并列成分限制条件预测,如果我们仅考虑例 3 至例 9 的表层结构,那么它们都应当被排除。相反,这些句子可以被修订的并列成分限制条件解释。

例 3:The man boarded the bus and sat down.

例 4:The policeman halted, and the women boarded the bus.

例 5:John ate fish and Mary rice.

例 6:John gave the books to Mary and the records to Sue.

例 7:John saw his mother and Bill, too.

例 8:John saw his mother and Bill did, too.

例 9:John is a Republican and proud of it.

表面上看,例 3 至例 9 的每个句子的两个并列体都不是平行的结构。一个是完整的从句,另一个是不完整的从句。例 3 是无主语的并列体,例 4 是无宾语的并列体,例 5 是无动词的并列体,例 6 的并列体缺少主语和动词,例 7 的并列体是空 VP,例 8 的并列体是省略结构,例 9 的并列体是 AP。假设并列结构是并列的成分,我们可以推出每个并列体都是一个完整的 IP,上述各句便可得到统一的解释,与修订的并列成分限制条件保持一致。因而,平行观念得以保持。这个结论相当于声称所有的并列结构都是两个完整从句的并列。事实上,我们发现句子并列不能解释以下事实:

例 10:John and Bill are friends.

例 11:John and Mary love each other.

一些集合谓词像"similar",一些相互代词像"each other",需要两个论元来实现它们的语义表征。基于以上事实,我们提出如下假设。

并列结构可以分为两种类型:句子并列和短语并列。

从句法和语义方面看,二者都可以看作是平行观念的映射。句法的平行观由同一句法类别和结构相似性体现。语义的平行观,具体来讲,需要对应的元素有相同的语义功能或相同的语义角色,组成对比或对照。这样,结构相同和语义兼容性对并列结构的语法性都至关重要。转换理论认为表层结构是经过句法操作转换生成的。例 3 至例 9 都含有一个省略的并列体,转换之前的底层结构证明它们本质上都遵循转换生成语法。

如前文所述,一个饱和的并列结构至少包含两个并列体和一个并列连词。这三个成分是并列结构的基本组成部分,如下所示。

例 12:a. John ate quickly and greedily.

b. John ate quickly and.

c. John ate and.

d. John ate and greedily.

e. John ate quickly greedily.

假设连词是并列短语的中心语(Zwicky,1985;Abney,1987;Hudson,1987),那么并列体和连词有结构依存关系和允准关系。如果两个并列体分别投射到指定语和补足语上,那么一个并列体就可以允准另一个,这满足了 Chomsky(1995)的指定语中心语补足语一致关系。但目前没有有力的证据来说明连词可以做中心语,更不用说提供一个指定语和一个补足语的位置。我们认为连词可像其他功能词类(INFL, complementizer, determiner)一样有一个最大投射。

基于平行关系和允准关系,人们可能会产生这样的疑问:为什么一个完整的 IP 能够和一个不完整的 IP 连接。答案在于并列缩减,它可以操作一个并列体的边缘元素。我们将在下面的汉语并列结构中一起讨论这个问题。

二、汉语并列结构

丁声树(1961)、Chao(1968)和朱德熙(1982)指出并列结构是指两个或多个并列成分。他们未能给并列成分一个清晰的定义。英语有一些明显的并列标记词,如"and""not"和"but"。Johannessen(1998)认为汉语属于空连词连接,而不是无连词连接。"and"在汉语中的对应词是"和"。"和"仅出现在短语并列中,不能出现在句子并列中。

例 13:妈妈去过北京(和)我去过北京。

若本句括号处换为一个逗号,句子就变得合乎语法。可见,汉语允许空连词。我们不清楚为什么一个并列短语的中心语可以为空。除了并列连词的区别之外,表层结构相似的英汉并列结构也有不同的句法分析,尽管这种结构的相似性可以由修订的并列成分限制条件去解释。下面我们将通过对比一些问句回答的可接受性来比较英汉并列结构。这些例句引自伍雅清(1994)。

例 14：Q: Do you know Xiao Wang?

A$_1$: Yes, I do.

A$_2$: Yes, I know him.

A$_3$ Yes, e know him.

A$_4$: Yes, e know e.

A$_5$: Yes, I know e.

例 15：Q: 你认识小王吗？

A$_1$: e 认识 e。

A$_2$: e 认识他。

A$_3$ 我认识他。

A$_4$: 我认识 e。

A$_5$: Yes, I know e.

例 16：a.e 来了。

b. 我看见 e 了。

例 14、15 和 16 所示表明，汉语比英语更倾向于小代语省略，即便在单句中，汉语都允许主语和宾语省略，但是英语不允许主语位置上的成分省略。尽管"him"代表旧的、已知的信息，但它必须保留在位。既然主语很容易省略，那么例 17 就不是经过句法省略转换来的。

例 17：我开了窗子，关了门。

I opened the window and closed the door.

从小代语的省略方面讲，此句与它的英文对等体需要不同的分析。尽管汉语第二个并列体的主语同第一个并列体的主语有相同的诠释，但它的先行语是基于话语要求而不是句法要求。它的英文对等体，要求第二个并列体的主语必须在句法上等同于第一个并列体的主语。然而，从另一个角度分析，Tang(2001)等认为限定的 VP(动词短语)可以并列，而不是限定的 V(动词)。

例 18：我打了、踢了那个男孩子。

英文中表面上限定的 VP 并列实际是 IP 并列经过了并列缩减这一过程，因为英语的独立句不允许主语省略。因而，我们可以把汉语中限定的 VP 并列归于同一解释:因为两个并列体的主语有相同的诠释。假设以上分析可行,那么我们就不能处理为小代语的灵活性。例 16 只有话语先行语而不是句法先行语。例 17 也是如此。也就是说,与英语不同,汉语并列结构没有结构依存性。它们只展现了结构的平行性和事件的相关性。我们可以引用丁声树(1961)的例子说明这一点。

例 19:有名胡同三千六,没名胡同赛牛毛。

修订的并列成分限制条件要求两个并列体有平行结构。然而,第一个并列体是一个名词谓语句,而第二个则是一个动词谓语句。这样一种复合结构用来形成对照;同时,它体现了汉语从句形成的多样性。英语简单句必须有动词而汉语从句无此要求。

三、结论

英汉并列结构的比较揭示了两种语言在语法结构和语义表达方面的差异。英语更倾向于使用显性的语法手段来明确表达句子关系,而汉语则更注重隐性的语义联系和简洁明了的表达方式。通过对英汉并列结构的对比,可以揭示两种语言在表达相同概念时的共同性和差异性,从而更好地理解语言的普遍规律和特殊性。这样的对比研究可以丰富语言学理论,为语言学的发展提供新的视角和材料,推动语言学理论的进步和发展。

注:本章主要内容发表于《太原城市职业技术学院学报》2005 年第 2 期,起止页码:171-172。略有增删。

第三章 ❯❯

并列结构的并列体、中心语和结构形成

并列短语（coordinate phrase，简称 CoP）是两个或两个以上结构成分（structural constituents）的连续排列，这些结构成分即并列体（conjunct），可以是词、短语或句子。句法学对并列结构的研究，着重点在寻求形成并列结构的普遍限制上。具体讲，就是在什么情况下，哪些结构成分可以并列在一起，形成并列结构。本章围绕这一问题简要介绍并详细评论对并列结构研究的一些具体句法问题，如并列结构的中心语的定义、并列结构的 X 阶标理论等，以期引起读者对并列结构进一步研究的兴趣。

一、并列体的类型

并列体是并列结构的基本组成部分。最简单的并列结构包含两个并列体和一个连词，故并列体和连词是研究并列结构的出发点。并列体有对称和不对称之分。我们先分析典型并列结构中并列体的特点。

（一）典型并列结构

典型并列结构，即并列体是对称的，其基本图示见图 2-1。

继 Chomsky（1957）提出并列体必须是同一句法类型之后，Schachter（1976）提出了并列成分限制条件。该限制条件要求并列体必须是同一句法类型和同一语义功能。例 1 是典型的并列结构。

例 1：He opened the door slowly and deliberately.

事实上，许多并列结构不符合并列成分限制条件，我们把它们称为非典型

并列结构。

（二）非典型并列结构

非典型并列结构指的是各并列体的句法特征不匹配，或语义功能不一致，主要体现为以下三种情况。

1. 不对称并列结构（unbalanced coordination）

例 2：He says he saw John and I last night.

在例 2 中，并列短语处于宾语位置。并列体应该是宾格形式，可是第二个并列体是主格形式。并列体在性数格上表现出的不对称性源于有形态变化的语言。Johannessen（1998）对世界上 32 种不同的语言进行了观察，发现对 SVO 语言而言，第一个并列体在性数格上和并列结构保持一致，而其他的可以发生变异；相反，SOV 语言要求最后一个并列成分在性数格上和并列结构一致，而其他的都可以发生变异。由此得出不对称的并列结构图示（图 3-1）：

$$[X \& Y] \text{ vs. } *[Y \& X]$$
图 3-1　不对称的并列结构

这可能与动词指派宾格特征的就近原则（adjacency principle）有关[①]。处于宾语位置上的并列体，越接近动词，获得宾格的能力就越强。

2. 不同词类并列结构（unlike categories coordination）

该并列短语一般只出现在它所包含的每个并列体都可以单独出现的位置。

例 3：a. He was longwinded.

b. He was a bully.

c. He was longwinded and a bully.

例 4：*The [longwinded and a bully] man entered.

例 5：*[Longwinded and a bully] entered.

在这类句型中，连词是并列短语的中心语（head）[②]。谓词"is"或"become"

---

① Chomsky（1995）在最简方案中分析指定语中心语一致关系。并列结构 CoP 将从指定语即第一个并列体处继承性数格的语法特征，而处于补足语位置的其他并列体（例如 Y）与并列结构的性数格本质没有直接联系。

② 关于连词是不是中心语，见后文讨论。

的句法属性分别与两个有谓词特征的补足语（complement）结合。根据 Williams（1980），只要 NP be X 中的 NP 与 X 同标，就可以满足述谓关系。因此例 6 也是合乎语法的。

例 6：Pat is a Republican and proud of it.

3. 动词间断（gapping）

动词间断是指第一个并列体是限定式的句子，而另一个并列体缺少动词。因此，空缺只能出现在句中，如例 7 所示。

例 7：John invited Mary, and Bill, Jane.

Jackendoff（1971）、Hankamer（1973）等认为这是动词省略（verb ellipsis）的结果。若并列体所含动词与第一个并列体的动词相同，那么该动词可以省略。Hudson（1976）、Johnson（1994，1996）、Paul（1999）及 Tang（2001）认为这是由动词移升（verb raising）造成的。第二个并列体的动词与第一个并列体的动词相同，那么它可以通过全面扩散移位（across-the-board）上升到第一个并列体的动词的位置。然而，我们对例 7 作一修改，就可以说：

例 8：John invited Mary, and Bill, too.

do 支持假说能够允准 VP 省略。我们不妨假定这一规则也适用于动词间断。INFL 具有［+AGR］和［+TNS］的特征，尽管在表层结构上不显现，同样可以允准动词省略。

二、并列结构的中心语问题

尽管典型和非典型并列结构在并列体的句法特性上有差异，但它们共有并列体和连词。我们暂且认为并列短语是由并列体和连词组成的饱和成分，二者无疑是中心语的聚焦，因为 X 阶标理论要求短语必须有一个中心语。Zwicky（1985）和 Hudson（1987）提出了关于连词做中心语的六项标准：（a）语义论元还是功能符（semantic argument or functor）；（b）一致关系的决定语（a determinant of agreement）；（c）形态句法的聚点（a morphosyntactic locus）；（d）次范畴体（a subcategorizer）；（e）它所在短语的分布对等体（a distributional equivalent）；（f）必须性（obligatory）。Svenonius（1992）又补充了三条标准：（a）唯一性（uniqueness）；（b）中心语元素（an X element）；（c）词序的决定语（a determinant of word order）。

Zwicky（1985）对语义中心语（semantic head）作了如下描述。

中心语和修饰语的区别归根于语义：在 X 和 Y 中，若 X 是中心语，大略地讲，X＋Y 描写的是一种 X。

若该描述中的 X 为功能词，则 X 就是语义功能符。在 PP 中，DP 是论元，因而介词是中心语。该描述就支持了这样的事实：例 9 描写的是一种方向而不是一种企鹅。

例 9：towards those penguins

Zwicky 强调的是语义功能符而不是语义论元。Hudson 认为语义功能符是能否做中心语的最重要的特征。我们不妨看看典型的并列结构。

例 10：a. an apple and an orange

　　　 b. in and out

　　　 c. singing and dancing

这些短语中并列体都不是功能符：例 10（a）并不是描绘一种苹果或一种橘子；例 10（b）整个短语并不是说一种进的方向或一种出的方向；例 10（c）也不是一种唱歌或一种跳舞。这些短语是两个并列体的联合。例 10 中的连词也不是语义功能符，因为三个短语都不是一种类型的"and"。同样，变换连词，也会得出相同的结论。

例 11：an apple or an orange

例 11 描写的既不是一种苹果，也不是一种橘子，更不是连词"or"。因为连词是典型的语法功能词，不需要被修饰。例 11 描写了一种选择关系。

Hudson 批判了在内部一致特征的向心结构中中心语决定了恰当的一致特征这一观点。相关的一致特征可以以词汇的形式固定在名词上，不管名词是否做中心语。因此一致特征不是中心语的特有属性。在系动词结构中，主语和补语位置上的 DP 形态并不总是匹配一致，由此说明语义和句法同样重要，如例 12 所示。

例 12：a. $[He]_{SG}$ $[is]_{SG}$ $[my\ friend]_{SG}$

　　　 b. $[They]_{PL}$ $[are]_{PL}$ $[my\ friends]_{PL}$

　　　 c. $[They]_{PL}$ $[are]_{PL}$ $[a\ nuisance]_{SG}$

　　　 d. ?$[My\ main\ problem]_{SG}$ $[is]_{SG}$ $[these\ scissors]_{PL}$

Hudson 认为英语显性一致关系是受语义而非句法的管辖。在并列结构中,没有显性的词形一致关系,连词本身也没有一致关系,性、数、格等一致特征可能在一个并列体中独立出现,这要取决于具体的语言和并列体的具体词类,与其他并列体无关。

例 13：[one chair]$_{SG}$ and [two houses]$_{PL}$

毫无争议,例 13 单复数特征体现在各个并列体中。每个并列体中的特征必须相容,如下所示。

例 14：[one chair which is / *are green] and [two houses which are / *is white]

$$SG \qquad SG / PL \qquad\qquad PL \qquad\qquad PL / SG$$

以上分析说明,显性内部一致特征不能成为一个相关的标准来决定 CoP 里的中心语元素。

中心语体现了它所在短语的形态句法特征,即短语的形态句法特征在该元素身上得到了表达。Hudson 坚持认为 DP 的形态句法特征集中在中心语 D 上,如例 15 所示。

例 15：a. You children must behave yourselves / *themselves.

　　　 b. We / *us students work hard.

连词本身不是形态句法的核心,不带有某一特殊结构的特征。并列体有时带有整个并列结构的特点,但有时也会与整个并列结构的特征相冲突,如单数并列体会选择复数动词。

例 16：[An apple]$_{SG}$ and [an orange]$_{SG}$ [are]$_{PL}$ on the table.

例 16 说明并列短语的形态句法特征与连词无关,与并列体也无关。据此,Johannessen(1998)断定并列结构中没有元素适合做中心语,同时又承认连词可以做中心语。尽管连词不具有形态句法特征,但它决定整个短语的运作机制,因为连词把单个成分连接在一起。

中心语可以选择其他元素。因而,限定词可以是中心语:其中一些需要补足语,另一些不需要,如例 17;另外,它们还可以和不同类的名词搭配,如例 18。

例 17：a. The winners were lined up and each was given a standing ovation.

　　　 b. *The winners were lined up and every was given a standing ovation.

例 18：a. each penguin / *penguins / sand

b. much *penguin / *penguins / sand

从次范畴体的角度看,连词是中心语。Hudson 收集了挪威语中的连词,依次证明了它们都需要一定的补足语。

向心结构的中心语可以行使结构分布对等体的功能。Hudson 认为 Aux 是 Aux + VP 的中心语,因为它能独立出现在整个短语所处的位置上,而 VP 不能。

例 19：a. He is controlling those penguins. (Aux + VP)

b. He is. (Aux)

c. *He controlling those penguins. (VP)

在并列结构中,并列体可以是整个短语的分布对等体,连词不行。

例 20：a. Apples and oranges are good for you.

b. Apples are good for you. (first conjunct)

c. Oranges are good for you. (second conjunct)

d. *And are good for you.

然而,很多时候,并列体代替并列短语的位置也不能为人们接受。

例 21：a. An apple and an orange are good for you.

b. *An apple are good for you. (first conjunct)

c. *An orange are good for you. (second conjunct)

最后,Zwicky 和 Hudson 强调中心语是必须有的元素。Hudson 承认某些类别选择的论元可以省略,但可以从前面的话语中恢复。因此,Aux 是 Aux + VP 中心语,从句是导向词的补足语。

例 22：a. I can swallow goldfish but you can't (swallow goldfish).

b. I've not seen him since (he left).

Åfarli(1991)指出,功能投射在底层结构中必须是一个功能词的投射,如 TenseP。英语和挪威语要求有显性的连词(overt conjunction),连词在词汇里投射。Johannessen(1998)认为很多语言是无连词的并列结构(asyndetic coordination),即空连词(empty conjunction),而不是没有连词(no conjunction)。这些连词在音系层面上为空。

Svenonius(1992)认为,三个特征可以证明连词是中心语。第一个特征是唯一性。他用动词具有唯一性而副词具有重复性来说明动词是中心语。

例 23：slowly, mysteriously evaporated

根据这一要求,连词是唯一可能的中心语。可是在挪威语中,连词附着在每个并列体中,如例 24 所示,因此这一标准也不可靠。

例 24：et ego et Cicero meus flagitabit

　　and I and Cicero my will-demand. 3SG

第二个特征是中心语元素。他认为 DP 与限定语"this""my"之类的单个词的分析是一致的。在并列短语中,只有单一元素可以是中心语,那就是连词。并列体可以是单个词,也可以是最大投射。

第三个特征是词序。中心语与词序有关。在中心语为先的语言(SVO)中,中心语总是在补足语之前;在中心语为尾的语言(SOV)中,补足语应该在中心语之前。设定并列结构满足 X 阶标理论,那么不平衡并列结构显示:处于 Spec 上的并列体是合乎语法要求的,而补足语的并列体可以有变异。

Johannessen 认为中心语的一项重要标准是一个词类投射成一个最大词类。最大投射选择哪些特征是可以被检验的。DP 的论元极有可能是限定词在一定的句法环境中选择的结构。

很显然,上述标准说明连词比并列体更符合中心语的特征。Abney(1987)强烈支持这一观点,并且认为连词是功能性质的中心语(functional head)。他的证据如下:连词属于闭词类,音系和形态具有依赖性,只有一个补足语,同补足语密不可分,缺乏描写内容,中心语是表层结构投射,有一个 Spec 的位置。

三、并列短语的结构

以上单独考察了并列体的句法特点和连词的中心语地位。下面我们分析整个并列结构的双分支结构。Kayne(1994)和 Johannessen(1996,1998)认为并列短语遵循标准的 X 阶表征(本章的讨论以中心语在先的语言为例)。图 3-2(a)是中心语在先的并列结构,图 3-2(b)是中心语在后的并列结构。

这样的表征虽然满足了 X 阶标理论,但找不到独立的证据说明连词能够投射,这涉及连词能否做中心语的问题;假设它们能够投射,没有理由说明它们为什么会投射出一个 Spec 的位置,以及为什么第一个并列体会出现在 Spec

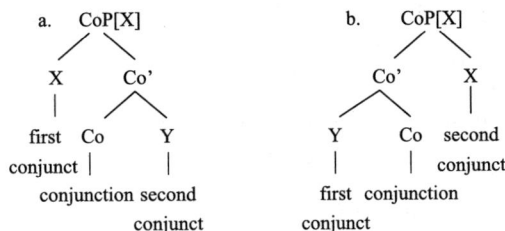

图 3-2 并列结构的中心语位置

的位置。我们知道并列结构突出一种平行关系,它的并列体一般无先后顺序。当然有些并列结构的习语不在讨论的范围内,因为它们的并列体不能调换位置。

Yuasa(2002)指出并列体就是两个或多个姐妹节点中的任意一个,其类别信息渗透到母节点上。基于此,他给出了并列结构和从属结构的图示(图3-3)。

图 3-3 并列结构和从属结构

这样的分析能显现各并列体之间的平等位置,但是多支分叉使整个句子的结构显得烦琐冗余,难以明示各成分之间的密切关系。两分支结构使句子内部的层次关系简明清晰。目前,大多数语言学家都采用双分支结构。

四、句子并列还是短语并列

Yuasa(2002)的图 3-3(a)让我们联想到并列结构的底层表达式。并列体移动假说认为并列结构有两种:一是各并列体都是独立的元素;二是各并列体被看作一个组合整体。前者是句子并列,后者是短语并列。

句子并列坚持一切并列结构初始形式都是句子的并列。这一思想最早由 Chomsky(1957)提出的连接程序而来。句子并列处于对应位置上的相同成分可以压缩成一个,遵循前向删略(forward deletion)和后向删略(backward deletion),如:

例 25: a. John came in and ~~John~~ sat down. (FWD)

b. Can ~~you do it~~ and will you do it? (BWD)

句子并列能解释不同词类的并列、动词间断等特殊的句法现象,但不能解释一些蕴含着相互关系的词或短语。

例 26:John and Mary are similar in appearance.

此外,句子并列对底层和表层结构是否存在相同的真值条件也无法作答。

例 27:a. Someone came and left.

　　　b. Someone came and someone left.

分别对应的语义是:a. $\lambda x \in D_e$. x came $\wedge$ x left.

　　　　　　　　b. $\lambda x \in D_e$. x came $\wedge$ $\lambda y \in D_e$. y left.

也就是说,例 27(a)动作行为只涉及一个人,而例 27(b)涉及两个人。假设并列结构 S 的底层为 S_1, S_2,根据句子并列,则有图 3-4。

$$S_1 = 1 \ S_2 = 1 \Rightarrow S_1 U S_2 = 1, S = S_1 U S_2 \Rightarrow S = 1$$

图 3-4　并列结构值演算

短语并列可以弥补句子并列的不足,有效地解释一些相互关系的词语,但是不能解释动词间断。如果并列结构的基础生成形式是短语并列,那么转换生成语法,更具体地讲,并列结构的许多句法理论像移动 α,跨界行为,θ 标准等不再适用,并且短语结构在句法操作中有很大的冗赘性。

五、结论

本章以并列体的类型为基点,着重分析了非典型并列结构中普遍存在的三种句法特征不统一的并列体。在 X 阶标理论下,我们发现连词比并列体更适合做中心语。若以连词为中心语,并列短语的两个并列体便处于限定语和补足语的位置。当然,连词能够独立投射做中心语,需要我们挖掘更充分的证据来支持这一假说。关于并列体的底层表达式是句子并列还是短语并列的问题,二者互相补充,各有不足之处。通过讨论,我们发现,这些问题使现有的句法理论面临新的挑战。并列结构是一种常见的句法现象,它自身包含的许多句法语义内容需要我们不断深入地研究。

注:本章主要内容发表于《株洲师范高等专科学校学报》2005 年第 6 期,起止页码:104-107。略有增删。

第四章 ≫

似与非似的"and"与"和"

如前文所述,并列短语是由并列连词引导的两个或两个以上的结构成分的连续排列。这些结构成分被称为并列体,可以是词、短语或句子。也就是说,最简单的并列结构包含两个并列体和一个连词。本章只讨论英汉语言常用的表示合取关系的"and"与"和"。

一、并列体

并列体是并列结构的基本组成部分,也是并列连词的必要成分。并列体可以是词、短语或句子。这些并列成分在句法结构上是平行的,在语义功能上是统一的。

(一)并列体的类型

不论英语还是汉语,并列体可以是名词、动词和形容词的成分,只是汉语中"和"的并列体不能是句子,如下所示。

例 1: He bought a pen and a pencil.

译文:他买了一支钢笔和一支铅笔。

例 2: We can sing and dance.

译文:我们会唱歌和跳舞。

例 3: The story is interesting and instructive.

译文:这个故事有趣和有教育意义。

例 4: Mother went to Beijing and John went to Shanghai.

译文:*母亲去了北京和约翰去了上海。

（*代表句子不可接受，下同。）

从以上例子可以看出，各并列体在句法上是平行的，在语义上是对等的。这并不等于说并列体可以随便更换顺序，因为并列结构体现了一定的认知思维和语用观念。（邓云华，储泽祥，2005）并列体是独立的集合。有了并列连词，各个独立的集合才发生了相互关系。

（二）并列体的特征

并列体主要体现了以下三个语言特征。

1. 完整性原则

一个饱和的并列结构必须有两个并列体。因此，并列体反映了句法结构的完整性。在一个并列结构中不能只有一个并列体，这是并列连词的需要，当然也是其他一些具有并列作用、表示合取关系的成分的需要，比如点号、相互代词。

例5：John, Henry and Tom are good students.

译文：张三、李四和王五都是好学生。

例6：John and Henry presented gifts mutually.

译文：张三和李四互相赠送礼物。

2. 经济性原则

说话者用尽量少的词来表达精确的、足够的信息，这就是经济性原则。并列体恰好符合这一原则，如例1：He bought a pen and a pencil. 他买了一支钢笔和一支铅笔。两个名词短语"a pen and a pencil""一支钢笔和一支铅笔"的并列都可以看作是两个句子的并列经过省略简化而成，如下所示。

He bought a pen.　+　He bought a pencil.

↓ ↓

He bought a pen and a pencil.

汉语例句的生成过程同上述英文例句的生成过程一样。

3. 强调性原则

该原则是在一定的语言环境中，为了突出每个并列体而设计的。请看例7、例8。

例7：它是穷荒的起点，也是春风的终点。

例 8：That is our policy and that is our declaration.

例 7 突出说明"它既是起点也是终点"；例 8 强调我们的立场的明确性和坚定性。（邓云华，储泽祥，2005）

二、并列连词的特征

连词不仅是语言表达的连接者，也是语义关系的承载者。不同的并列连词表达不同的语义内容。"and"表示合取关系，"or"表示析取关系。它们附着在最后一个并列体上。当然，汉语是一种空连词连接，而非无连词连接。

例 9：王红离开了，李明也离开了。

译文：Wang Hong has left, and Li Ming has left.

由此可见，"和"不能连接句子。除此以外，"和"不能连接动词、形容词、副词、介词等谓词性成分。（吴静，石毓智，2005；李占炳，2019）[①]

例 10：* 老师昨天批评了和责骂了他。（动词）

例 11：* 泰山的景色雄伟和壮丽。（形容词）

例 12：* 他们快和好地写完了作业。（副词）

例 13：* 他经常在教室和在家看书。（介词）

这些句子说明英文的"and"是句法必需的，而汉语的"和"则倾向于省略。连词是一种虚词，表达的是一种功能语义。"and"与"和"的出现与否，有力地证明了英语重形合（hypotaxis）、汉语重意合（parataxis）的特征。

"and"与"和"的相似之处在于二者都可以连接名词短语、动词短语、形容词短语的并列体，表示合取关系；所连接的并列结构都可做主语、宾语、定语、谓语、状语等。不同之处在于以下方面。

第一，"and"连接的并列结构做独立谓语对动词的形式没有要求。"和"连接的并列结构做独立谓语，这两个并列体不能是限定的动词，如例 10 所示。

第二，英语里"and"连接的并列体有时是假并列体，而汉语里没有这一现象。如：

例 14：Come and have tea with me. = Come to have tea with me. (used instead

---

① 现代汉语的谓词性并列结构另有专门的连接词，如"既……又……"或"又……又……"。

of *to* after *come*, *go*, *try*, etc.)

例 15: The soup was good and hot. (used after *nice* or *good* to add force)

第三,"and"可连接句子,除表示并列意义外,还表示意义增补、先后顺序、因果关系、条件、对比、译注等[①]。而汉语的"和"却不能连接句子,如例4的译文所示。

第四,汉语的连词"和"在有些并列结构中可以省略。虽然意义发生了改变,但句法结构仍成立。"and"却不行。试比较:

例 16: 他和朋友出去了。→他朋友出去了。(前者表并列,后者表所有)

例 17: 张三和妈妈出去了。→张三妈妈出去了。(前者表并列,后者表所有)

第五,表示并列关系的"和"有不同的替代词,如"与""同""及";而"and"却是唯一的。

第六,"和"主要表示合取关系,但有时也表示析取关系,相当于英文的"or"。如:

例 18: 去和留,你自己看着办吧。

第七,"and"可以连接重复的词,表示某个动作继续发生或者是质量或种类之间存在的细微差异;"和"却无此用法[②]。

例 19: We ran and ran.

译文:我们跑了又跑。

例 20: There are dictionaries and dictionaries.

译文:词典很多,有好有坏。

第八,在表达数字时,"and"用于"hundred"后,1～99之前(美式英语没有"and"),连接百位数字和后面的数字;或者表示数字的相加。如:

例 21: four hundred and twenty-six

例 22: Two and two make four.

而汉语中的"和"用于数字之间仅表示普通的合取。如:

例 23: 三和五是我喜欢的数字。

在古诗词中,两个汉字数字相连,还可以表示乘数关系。如:

---

① 详见李雪(2005)。

② 汉语的"啊"可以表示动作的重复,如:我们跑啊跑啊,一直到山脚下。

例 24：二八佳人体似酥，腰间仗剑斩凡夫。（唐代吕岩《警世》）

二八相乘等于十六。本句的意思是，十六岁的美人身姿优美，但是对于不知节制的人来说，这样的美色却如同利剑一样。

例 25：不管三七二十一。

三七相乘等于二十一。该熟语的引申义是不顾一切，不问是非情由。一般认为，这则熟语来源于《战国策·齐策一》的一则故事；也有人认为来源于计数方法、民间故事等。

需要说明的是，"和"作为并列关系的连词广泛使用是在中古以后。在中古以前，"以"和"为"充当并列连词，相当于"和、并且、而"。如：

例 26：使民敬忠以劝，如之何？（《论语·为政》）

本句的意思是如何让民众恭敬、尽忠并相互勉励。"敬忠以劝"表示严肃、忠实和互相勉励。

例 27：以舅犯之谋与楚人战以败之。（《韩非子·难一》）

本句的意思是指晋文公采用了舅犯的策略与楚国作战，最终取得了胜利。"战以败之"表示作战并且打败了对手。

例 28：民之未戾，职盗为寇。（《诗经·大雅·桑柔》）

本句的意思是民众到了不安分的时候，就会做盗贼和土匪。

三、结论

并列结构是自然语言中常见的一种句法现象。英汉对比显示，汉语的并列结构在表达上更加注重意义的并列和对比，而英语则更加注重结构和逻辑的清晰。在翻译过程中，从中文到英文的转换需要特别注意句子之间的关系通过时态、逗号和连词表示得一清二楚，而汉语译文则明显就是简单的叙述，句子之间的关系完全通过语义表现出来。本章从并列结构的基本组成部分并列体和并列连词入手，分析了英汉并列结构存在的相同点和不同点，重点比较了并列连词"and"与"和"的相似之处与相异之处，以期引起读者的注意，在今后的学习或实践中系统地比较并列结构的差异。

注：本章主要内容发表于《江西科技师范学院学报》2007 年第 1 期，起止页码：88-90。略有增删。

第五章 >>

英汉并列结构并列项排序规律

    并列项是并列结构的核心部分。两项并列是并列结构中最常见的类型。本章所谈的并列项数目均限于两项。无论显性连接还是隐性连接，并列项排序是英汉语言的重要差异之一。两种语言的并列项排序都遵循一定的规律。

一、英语并列结构并列项排序原则

    Randolph Quirk 等（1985）谈及并列和从属的重要区别时，指出"the two linguistic units be reversed without a change of meaning"，即 A + conjunction + B = B + conjunction + A。同时，Quirk 指出这并非全部事实，并列结构的排序也会受到句法、语义、语用等因素的影响；词并列和短语并列还受音节、韵律、文化等因素的影响。

    Huddleston 等（2002）指出并列项排序的五种倾向：时间顺序（temporal order）、空间顺序（spatial order）、指示（deixis）、对立与评价（polarity and evaluation）、社会等级（social hierarchy）。

二、汉语并列结构并列项排序原则

    《现代汉语词典》（第 7 版）对"并列"的解释是"并排平列，不分主次"。按照这个定义，并列结构中并列项的顺序是灵活的，两个并列项互换位置不影响语义。这种情况属于"活序"，比如："小明喜欢唱歌、跳舞和画画"这个句子里的三个并列体，在重要性方面都差不多，都是小明的兴趣爱好。因此，我们也可以说成"小明喜欢唱歌、画画和跳舞""小明喜欢跳舞、唱歌和画画""小明喜欢跳舞、画画和唱歌""小明喜欢画画、唱歌和跳舞"或"小明喜欢画画、跳舞和唱歌"。除了活序现象外,还有定序现象。不少学者研究过并列项的排序原则,如廖秋忠(1992)的十一原则,张彦群、辛长顺(2002)的七原则,谢红桂(2007)的七原则。这些研究多数是对语言事实的描写,而不是解释。

事实上,我们发现,有些并列项互换位置,虽然不影响意义,但不符合语言习惯。这就是并列项排序的动因。陈池华(2019)认为并列结构并列项的排序主要包括凸显动因和省力动因。凸显动因具体包括社会地位凸显及数量与特征凸显。前者如性别男女序列、年龄长幼序列、身份贵贱序列;后者如量级大小序列、评价肯定否定序列、位置起点终点序列。省力动因包括理解省力和发声省力。前者如像似原则与理解省力、概念通达度与理解省力性;后者主要指音节长短、韵律、音高、声调等。

三、英汉并列结构并列项排序异同

刘法公、张从孝(1996)对比了英汉并列词语排序的规律,将英汉并列词序分为三种类型:一是英汉并列词序相同型,二是英汉并列词序部分相同型,三是英汉并列词序相反型。此外,他们认为英语的并列词序更注重逻辑性和灵活性;汉语的并列词序相对固定,词序决定词义。王琳琳、蒋平(2013)指出,汉英并列结构语序和制约结构有同有异,在传统的排序原则基础上提出了可及性原则、显著性原则、象似性原则、乐观原则、自我中心原则以及礼貌原则。本章试图从语言学角度和心理学角度解释并列结构并列项的排序。

(一)语言学角度

"现代语言学之父"Saussure(1961)认为任意性是语言的基本属性(转引自陈池华,2019:166),即语言符号的创造与应用是无理据性的。后来,随着认知语言学的发展,语言学家发现了语言的象似性,这是对语言任意性的补充和修正。语言符号是用来表达意义的。概念是意义的重要组成部分。这是语义学的内容。包孕关系是语义学的一个组成部分。

包孕关系:包孕的意思是包含,即前者包括后者。在汉语中,像"远近""大小""长短"等并列结构都是由一对反义词构成的,其语义是前者包括后者。前者无标记性,既包括自身又包括其反义词。这种顺序关系与人们的认知密不可分。人们倾向于把具体、易于理解或感知的概念放在前面,而把相对抽象或需要更多认知努力来理解的概念放在后面。

认知凸显:Kövecses 和 Radden(1998:61)指出,在人类的体验性认知中,感知的选择性和文化偏见是影响认知凸显的两个主要因素。

人类感知具有选择倾向性。时间上、空间上和逻辑关系上更接近目标域的倾向易被优先选择。已发生的比未发生的更容易被选择;体积较大、占主要地位(隐喻性)的更容易被选择;完整、有界的格式塔整体更容易被选择;由完整格式塔、即时性以及具体性的优先感知选择决定,特例(个体)比类属概念(范畴)更容易被选择,比如"古今""老幼""对错""医护"。"前"和"后"在人的认知中具有不同的显著性。由于人的视觉方向总是向前,因此"前"在认知上更为显著。这种认知显著性也体现在语言表达上,使得人们在说"前后"时先提及"前"。

Kövecses 和 Radden(1998)还提出,文化偏见也是一个影响因素,表现在特定社会文化社团对一个范畴中的某个或者某些特定成员的选择性倾向上。比如古代重男轻女的传统思想导致人们在表达时使用"男女"一词。"善恶"观念是道德哲学中最基本的一对概念,它是对人或事进行道德评价的最一般的概念。该词的使用反映了人们的主流文化价值是崇善向善。

"左右"一词的使用也有其出处。在中国古代,特别是在周代礼仪中,有"吉事尚左,凶事尚右"的说法。这意味着在吉祥、庄重的场合中,左边被视为尊贵的位置,而右边则用于较为次要或凶事的场合。这种观念可能影响了人们的语言表达习惯,使得在说"左右"时先提及左边。从中医的角度来看,左边被认为是生发的、向上的,代表肝和血;而右边则是下降的,代表肺和气。这种观念也可能影响了语言的表达顺序,使得人们倾向于先说左后说右。

"阴阳"二字的顺序把人们崇敬女性的"传统"的意识观念与当时社会信奉的男尊女卑、以右为尊巧妙地结合起来,达到了社会意识和社会政治背景的完美的结合。因此,"阴"前"阳"后既体现了古时人们对女性的、对生命的感恩,又充分表达了统治阶级的思想。我们也可以从母系氏族社会进行说明,如果历史上真的有过很长一段时期的"女权社会"的话,而且阴、阳观念也产生于此时或更早的时候,"阴"前"阳"后也就有了更为充分的理由。

（二）心理学角度

心理语言学从心理过程和心理机制的角度来研究人类的语言活动特点，包括语言的习得、学习和使用的心理过程。也就是说，语言现象可以从心理学角度进行解释和研究。

心理预期与和锚定效应：心理预期是指个体对某种情境、事件或行为结果的内心预期或预测。心理预期的形成受到多种因素的影响。其中，个体的经验和知识是形成心理预期的重要基础。此外，个体的情感状态也会对心理预期产生影响，比如"胜负"。当人们经过精心准备和充分努力后，更期望事情的胜利。这种表达方式有助于营造一种积极向上的氛围，并激发听众的参与感和认同感。当听众听到胜利的事情后，他们可能会对接下来可能出现的负面信息有所准备，并更容易接受和理解。锚定效应是指人们在对某人或某事做出判断时，容易受到第一印象或第一信息的影响。在语言表达中，先说"左"后说"右"、先说"前"后说"后"的方式可能也会受到锚定效应的影响。由于人们习惯于这种表达方式，因此当听到"左"或"前"时，他们可能更容易接受后续的信息，并形成积极的心理预期。

情感因素：在表达时，人们往往会受到情感因素的影响。对于积极、正面的信息，人们往往更愿意先说，因为它们更容易引起共鸣和接受。而在"有"和"无"的表达中，"有"通常代表积极、正面的信息，因此人们倾向于先说"有"后说"无"。"好坏""美丑""对错"都是人们积极或正面情感的语言表征。

四、并列结构的英汉语序对比

邢福义（2003）指出，"名名联合短语，是名词联合短语；动动联合短语，是动词联合短语；形形联合短语，是形容词联合短语"。通常情况下，联合短语的句法功能，跟联合项的词性一致。上文提到的联合短语就是并列结构，联合项就是并列项。并列结构的各并列项在语法性质、语义类型上一样，则属于同质并列结构；若不一样，则属于异质并列结构。同质的并列结构的并列项在英汉两种语言排序上有相似性，也有区别性。顺序相同的例子，见表5-1。

表 5-1　英汉并列项顺序相同的词语

英文	中文
black and white	黑白
board and lodging	膳宿
cause and effect	因果
day and night	日夜
east and west	东西
far and near	远近
good and evil	好坏
heaven and earth	天地
husband and wife	夫妇
men and women	男女
physical and mental	身心
right and wrong	是非
success or failure	胜负 / 成败
thunder and lighting	雷电
women and children	妇孺

　　并列项分词语型并列和短语型并列。词语型并列结构是指由两个语素组成的合成词,也称为并列式合成词。这是汉语很常见的一种构词方式。这种并列式合成词有两项合成,这两项的语法性质与合成词的性质不完全对应。完全对应的例子,如"海洋""古老""稍微""自从""如若""彼此"。不对应的例子,如"大小""远近""教学""好歹"。

　　词语与词语并列组成短语型并列结构,这种并列结构分为两种情况:一种是固定搭配型,另一种是临时组配型。固定搭配的并列结构短语在汉语中一般都是成语,因此又称作成语型并列结构,如"和风细雨""根深蒂固""呼风唤雨""独一无二"。固定搭配型的并列结构自身是饱和的,内部不允许插入其他任何成分。它们出现的句法位置不尽相同,可以实现主语、谓语、宾语等不同的句法功能。

　　英语里也有与汉语类似的情况。有些复合词也是由两个并列的语素构成,如"northeast""southeast""northwest""southwest""furthermore"。有些短语并列结构的并列项语法性质一致,如"by and by""far and wide""black and white""fair and square",也有并列项语法性质不一致的情况,英汉语序不一致的情况也十分常见,见表 5-2。

表 5-2 英汉并列项顺序不同的词语

英文	中文
agriculture and industry	工农业
back and belly	腹背
back and forth	前后
bed and board	膳宿
bed and breakfast	食宿
eat and drink	饮食
fall and rise	兴衰
fire and water	水火
flesh and blood	血肉
food and clothing	衣食
give and take	合作与让步
heat and cold/hot and cold	冷热
heavy and light	轻重
iron and steel	钢铁
joy and sorrow	悲欢
land and water	水陆
long and thin	细长
love and money	金钱与爱情
mock and satire	讥讽嘲笑
might and main	主力
night and day	昼夜
north and south	南北
off and on	开关
old and grey	苍老
old and new	新旧
one and only	唯一

英文	中文
part and parcel	重要部分
pin and needle	针毡
rain and wind	风雨
rain or shine	晴雨
rich and poor	贫富
right and left	左右
send and receive	收发
sooner or later	迟早
sweat and blood	血汗
track and field	田径
twos and threes	三三两两
win or lose	输赢
you and I（me）	我（和）你
young and old	老少

五、结论

　　尽管并列结构是一种很普遍的语言现象,但其并列项的排序却没有统一的定论。 由于受并列项的语义关系和语音条件之间差异的影响,以及语境等条件的制约,并列项的排序并不是完全自由的,而是受一些规律支配的。汉英并列结构的并列项都是在一定规律的支配下排序的,受各种因素的影响,它们在排序规律和实际表达的语序上既有一致也有差别。

第六章 》》

英汉并列结构中的隐性动词

　　几乎所有的语言都存在着并列结构。并列结构就是由两个或更多个结构成分(如单词、短语或从句)的连续组合,每个成分就是一个并列体。一般来讲,并列体要求有相同的句法类型和语义功能。然而,各并列体在不同的语言中表现出的句法特性有差异。以英汉语言为例,许多并列结构句法表面相同,但句法成因迥然不同。本章主要分析英汉并列结构中的隐性动词。无疑,动词间断是英语并列结构中动词空缺的原因,具有[+TNS]和[+AGR]的INFL允准动词省略;汉语句法中无动词空缺,与动词间断相对应的部分结构是空动词句的联合。至于左边缘省略句,则可视为两个小小句(small clause)的并列作为动词的补语。具体而言,英语并列结构中的隐性动词在于动词间断;汉语却不存在动词间断,其隐性动词归因于空动词句。

一、英语并列结构中的隐性动词

　　Radford(2000)指出隐性动词有两种,其一是动词间断,其二是左边缘省略句(left-peripheral deletion),二者都归为动词间断。下面逐一分析这两种类型,意在证明隐性动词来源于动词间断,与左边缘省略句无关。

　　(一)动词间断的限制条件及特点

　　动词间断指的是删除与句首并列体中相同的动词,如例1。

　　例1:Mary ate the apple and Sally the hamburgers.

　　第一个并列体是限定式句子,第二个并列体缺乏动词,类似例1的现象叫作动词间断。Ross（1968）最先从生成语法的角度提出了动词间断的规则：删除非句首并列体中与前一个并列体中相同的动词，包括相同的助动词、副词等成分。此后，不少学者对此进行了研究，比较有影响的结论有四个。

第一个是 Jackendoff（1971）关于动词间断的条件（conditions on gapping）：当 NP VP 序列出现在第二个并列体中的 VP 里时，动词间断不能删略 NP，仅保留 VP。

关于动词间断的条件说明了例2（b）是例2（a）的转换形式。

例2：a. Bill is depending on Harry to find the way to the party, and Sue to find the way home.

　　　b. _____ and $^{\sqrt{}}$［Bill is depending on］Sue to find the way home.

　　　c. _____ and Sue *［is depending on Harry］to find the way home.

第二个是 Hankamer（1973）的无歧义条件（no-ambiguity condition）：如果动词间断产生的输出结构与它派生转化的空缺在最左端的结构相同，那么前者是不容许的。

无歧义条件正确地预测了例3（a）的转换形式是例3（b），而不是例3（c）。

例3：a. Jack calls Joe Mike and Sam Harry.

　　　b. _____ and $^{\sqrt{}}$［Jack calls］Sam Harry.

　　　c. _____ and Sam *［calls Joe］Harry.

第三个是 Langendoen（1974）关于非左边界 NP 的限制条件（nonleft-peripheral NP constraint）：动词间断不能删除跟动词临近的非左边界的 NP，粘着代词除外[①]。

第四个是 Stillings（1975）的动词间断规则，可表述如下。

NP V* C ｛AND / OR｝ NP V* C （其中 V* 代表一系列动词变量，C 代表成分。）

1　2　3　　　　4　　　5　6　7

⇓

φ

仔细观察，我们发现动词间断具有下列特点：

---

① Jackendoff、Hankamer 和 Langendoen 认为主语省略是动词间断的影响。笔者认为他们理论保护下的合法转换结构是后文要涉及的左边缘省略句，根本不是动词空缺。

动词间断仅出现在并列结构中,并列体是 IP;[①]

连词右端的并列体有且仅有两个成分。它们分布在动词空缺的前后,并且这两个成分与它们在第一个并列体中的对应成分内容相异;[②]

动词间断必须包含主动词,它的先行语依靠前一个并列体的动词确定;

动词间断不能省略构形成分(formatives),像介词、连词、导向词(complementizer)等。Lasnik 和 Fiengo(1974)认为动词间断在"and"连接的并列结构中具有任意性,在以"not"为连词的结构中具有强制性。[③]

(二)动词间断的句法成因

任何一种语言结构位置的成分要么必须出现,要么可有可无,要么空缺。我们知道,句法结构包括简单句、嵌套句、并列句和不定式等。结构位置指的是主语、谓语、宾语等。结构位置取决于三个因素:词汇控制与否(lexically controlled or uncontrolled)、语法控制与否(grammatically determined or undetermined)和上下文敏感度(contextually sensitive or free)。一般来说,宾语位置由词汇控制,主语位置受词汇和语法的制约,而动词是由语法决定的。上下文则影响着某个位置是用替代形式(proform)还是省略(ellipsis)。

类似例 1 的结构是标准的动词间断。表层结构上它们是不完整的句子。事实上,V 只是在 SS 到 PF 的转化中删略的。PF 分叉上的省略在 SS 到 LF 的转化中不发生影响,因此在 LF 层面上它们依然是完整的句子。Heim 和

---

① Hoekstra(1994)认为表层 IP-IP 的并列应该分析为 CP-CP 的并列。

② 动词空缺前的成分是主语。Oirsouw(1983)认为两个并列体的主语相同,动词间断后的结构不合句法要求:*I loathe sausages and I, beans. Wynn Chao(1987)认为若它们不在一个句子中出现,即分布在上下文中,则成立,如:A: I'll bring the salad. B: And I, the wine. Levin 和 Prince(1982)认为动词间断的两个并列体互相独立,上面的对话只是两个事件的相关性,与动词间断无关。

③ Lasnik 和 Fiengo 基于"and"和"not"的两组例句(92)和(93)(原文序号)提出了省略的两个原则。如果两个连续体要求有相同的成分,有一条规则可以删除相同的成分,那么这条规则是必需的;如果两个连续体不一定要求有相同的成分,那么这条规则是可有可无的。(92)a. John kicked Harry, and Bill kicked Fred.
　　　　 b. John kicked Harry, and Bill, Fred.
　　　　 c. John kicked Harry, and Bill slapped Fred.
(93)a. *John kicked Harry, not Bill kicked Fred.
　　　b. John kicked Harry, not Bill, Fred.
　　　c. *John kicked Harry, not Bill slapped Fred.

Kratzer(1997)也提出了关于省略的逻辑式相同条件(LF Identity Condition on Ellipsis):当一个成分在逻辑式里是另一成分的复本时,在音系式层面它可以被删除。

动词间断不是单纯的动词省略。Kempson(1990)指出连词连接两个并列的 IP。根据 Frazier 和 Clifton(2001)的假说,动词间断句是两个并列的 IP。第一个并列体是限定句,因而第二个并列体也必须是限定句,这样才满足并列成分限制条件(coordinate constituent constraint)。我们知道,限定句 IP 的语法结构是独立的,不允许没有动词,因为动词要承担时态和一致关系的曲折变化。两个 NP 只能构成小小句,即第二个 NP 不能单独做谓语。Hudson(1976),Johnson(1994,1996)和 Paul(1999)认为动词间断是动词提升的影响。[①] 根据 Johnson(1994),动词间断是动词移动到功能词类中心语 tense 位置上的全面扩散移位行为(across-the-board),即动词间断只发生在有动词移动的语言中。Ouhalla(2001)谈到 V 提升必须符合下列两个条件:V 具有 [+AUX] 的明显特征;AUX 没有统制任何情态动词。

间断的动词不带有 [+AUX] 的特征,因而不是动词提升。由此我们可以得出结论:动词间断既不是纯粹的动词省略,也不是动词提升。Pollock(1989)曾指出 INFL 是由 tense 和 agree 两个功能词类合并而来的,因而带有 TNS 和 AGR 的特征。Raposo(1987)的研究表明限定式 INFL 具有 [+TNS] 的特征;在许多语言中,若 INFL 是限定性的,则 AGR 也标有识别特征,反之亦然。英语是有时态的语言,INFL 具有 [+TNS] 和 [+AGR] 特征。它的存在使得动词可以省略,动词的释义进入 LF 以后,得到 Mary $_{INFL}$ eat the apple and Sally $_{INFL}$ the hamburgers,空缺动词的值通过全面扩散移位由前一个并列体决定。

（三）左边缘省略句

Gazdar(1981)、Radford(2000)和 Tang(2001)指出左边缘省略句是不标准的动词间断。他们认为第二个并列体的剩余成分由主语和动词(或动词系列)删略转化而来,如例 4。Safir(1983)证明了小小句可以视为一个独立的成分,

---

① 依据 Hudson(1976),例 1 的表层结构是 Mary and Sally ate the apple and the hamburgers, respectively. 把两个嵌套的 NP 并列中的右边 NP 提取作为另一子句。Johnson(1994) 认为是两个限定式 VP 并列。两个 V 直接提升到 Tense 位置上,第一个 VP 的 Spec 提升到 tense 上的 Agr 的 Spec 处。Paul(1999)同意 Johnson 的看法。

做动词的补语。若我们遵循 Safir 的结论,那么例 4 中主动词的补语是两个小小句的联合,即并列的两个小小句做动词的补语。因此,例 2、例 3 和例 4 实际是左边缘省略句,根本不是动词间断。

例 4: The teacher gave John a pen, and ~~the teacher gave~~ Mary a book.

也就是说英文并列结构中左边缘省略句不存在隐性动词。

二、汉语并列结构中的隐性动词

汉语中必须出现显性的谓词,这是由语法位置决定的,如例 5。

例 5: ——你读过这本书吗?

　　——读过。

根据 Ouhalla(2001)的动词提升条件,动词提升仅限于助动词,这说明汉语中不存在动词提升。因为汉语的一般疑问句语序没有发生改变,只是句末添加语气助词。也就是说,汉语助动词、主动词总是在否定词"不"右边,因此,它们的位置仍在 VP 里面,没有动词提升。毋庸置疑,汉语不存在规范的动词间断,如例 6。

例 6:＊张三喜欢德国人,我美国人。

不过,汉语中有一些动词空缺的并列结构是合乎语法的,像例 7 和例 8。

例 7:张三吃了三个苹果,李四四个橘子。

例 8:他来过三次,我一次。

Paul(1999)认为这是动词间断。第二个 NP 不应当是光杆名词,即没有数量词。假定宾语的特征决定谓语的特征,那么动词间断只发生在非类指的 VP 中。

如前所述,动词间断的先行语与紧挨它的并列体的动词一致。例 9 表明先行语的位置有歧义,它不仅指第二个动词,也可指第一个动词。例 10 说明先行语只能指第一个并列体的动词。

例 9:我吃了两碗饭,张三煮了三碗汤,李四十个水饺。

例 10:我吃了两碗饭,张三喝了三碗汤,李四十个水饺。

同时,我们还发现,这样的结构也可以出现在从属句中,如例 11。

例 11:要是你喝四杯,我也四杯。

以上并列句中空缺动词的语义解释否定了汉语并列结构是动词间断的结

论。汉语不存在动词间断,并不是因为汉语中没有动词移动,而是因为 INFL 不具备［+AGR］和［+TNS］特征。汉语动词缺乏形态一致关系,也没有时态表征。它的时态需要借助于时间副词来实现,因而 INFL 无力允准动词省略。即使句首并列体不出现动词,并列结构仍合乎语法,如例 12。

例 12:张三三个苹果,李四四个橘子。

Tang(2001)把它们称为空动词句,并给出了空动词句的两个特点(邓思颖,2002):空动词句必须是恒定的;第二个名词不应是存在的,不定指的。

若英语中动词是在 SS 到 PF 的转换中省略的,那么汉语的动词在 SS 到 LF 的转换中都不存在。汉语中一些表示身份、时间的名词短语和数量短语可以单独做谓语,具有［+PRD］特征。[①] 正如 Williams(1980)所言,一个句法谓词不是词汇中心语(lexical head),而是一个短语投射(phrasal projection)。这样,尽管动词为空,VP 仍具有谓词特征。该短语投射需要一个外在的论元,并且述谓关系允准外在的论元,该论元即主语。动词间断是可有可无的,一旦出现空缺,必是同一动词。汉语不存在这样的要求。例 8 中空缺的动词可以是"来过",也可以是"去了"等。

谓词的语法位置为空,其后的 NP 可以单独做谓语,则 NP 具有弱谓词性特征,这是相对于动词的强谓词特征来说的。英语用"do"[②] 来支持 INFL,汉语中的系动词"是"或情态动词"会",在一定意义上,相当于"do"。如果它们出现在空动词句中,就会导致语义异常。因为第二个 NP 已具有弱谓词特征,需要补充一个有强谓词特征的动词。

例 13:*张三是/会三个苹果。

表示身份、时间的 NP 自身暗含的动词是"是",若补入"是",句子会合乎语法,但是这时候"是"具有强谓词特征,而不是弱谓词特征。也就是说,"是"具有双重语义识别功能。

基于上面的分析,我们发现同一特征的谓词不能同时出现。强弱谓词必须交叉使用。当然,Johannessen(1998)认为汉语属于无连词的并列结构(asyndetic coordination),不是空连词连接(empty conjunction)。英语的动词

---

① 第二个 NP 具有语义识别功能(identification)或谓词功能(predication)。

② Schachter(1978)称"do"为代谓词(propredicate)。

也不能同时并用,必须加"and",由此也说明了"and"连接两个同等性质的成分。汉语中也存在类似英语的左边缘省略句,如例14,其分析方法同英文一样。

例14:老师给了张三一支笔,李四一本书。

综上所述,英汉语都存在INFL,前者具有[+AGR]和[+TNS]特征,汉语则相反。这是导致动词间断有无的根本原因。两种语言都具有弱谓词特点的助动词,只不过汉语还包括具有弱谓词特征的NP。Huang(1998)认为汉语无AGR。根据Raposo(1987)的观点,INFL也不是限定性的,这与Hu,Pan和Xu(2001)的结论一致:汉语无限定和不限定之分。

三、相关事实

具有[+AGR]和[+TNS]特征的INFL不仅可以允准动词间断,也可以允准VP省略。

例15:John saw his mother and Bill did, too.

例15中,"did"不是代替"saw"。因为"see"的意义根据用法不同有所变化。感知用法作及物动词解,如:I saw him;认知用法作不及物动词用,如:Oh, I see。很显然,句中"did"代替"saw his mother"。无可否认,语句意义表达不明确。严密解读(strict reading)是John和Bill看见的是同一个女人,即John的母亲;松散解读(sloppy reading)是他们看见了各自的母亲。这里举的是"do"必须出现在表层结构中的情况,当然也可以不出现。

例16:John saw his mother and Bill, too. [①]

即INFL不论出现与否,它都可以允准VP省略。VP省略不仅并列结构中有,其他结构也有。它要依助于语言本身或上下文来完成释义。

与英语中VP省略相似的结构汉语中也有。"是""会"等助动词可以允准VP省略,如例17。

例17:张三喜欢看书,李四也是 e。(e = 喜欢看书)

张和友、邓思颖(2011)认为,如果"是"的后面能带上语气助词(例如

---

① 此句有两种解读,一是John saw his mother and Bill did, too;二是John saw his mother and Bill。

"啊")和句末的"的",就证明"是"是一个经过删略的小句,"是"的后面实际
含有一个删略的动词短语,其句法结构为"……是 ~~VP~~"。

需要注意的是,此句中的"是"带有强调的意味,语气上不同于英语的 VP
省略。"会"用在动词短语的前面,则表示一种预测性。

四、结论

本章通过探讨英汉并列结构中的隐含动词,意在说明在 PF 层面上的动词
间断不是动词省略,不是动词提升,而是 INFL 的[+AGR]和[+TNS]特征
可以允准动词省略,[-TNS]和[-AGR]则不具有此项功能。与英语中的动词
间断相比,汉语的并列结构只是空动词句的连接,PF 和 LF 层面上都是省略
的,它们需要借助于上下文和丰富的语境信息来实现语义内容。左边缘省略
句不是动词间断,而是连词连接的两个小小句合做动词的补语。VP 省略在英
汉并列结构中除有语气的细微差异外,其影响机制也不同,前者归因于 INFL,
后者归因于助动词。

注:本章内容以《英汉并列结构中的"动词间断"》为题,收录于《中国英
汉语比较研究会第十次全国学术研讨会暨 2012 英汉语比较与翻译研究国际
学术研讨会论文集》。

第七章 >>
英汉并列结构翻译的形合与意合

语言是人类已知的最强大的交流媒介之一。翻译是为了满足不同语言民族之间的交际需求而产生的语言活动。人类自有语言交流以来，翻译活动就一直相伴相随。语言问题是翻译的根本问题。古今中外，人们从未停止对翻译中语言问题的探究。翻译不仅使得人类各种语言与文化之间的沟通成为可能，而且还帮助推动人类社会不断向文明的更高阶段发展。许钧（2023）认为，翻译具有推动语言发展的功能。因此，研究英汉翻译能起到促进英汉语言发展的作用。事实上，翻译不仅是两种语言和文化之间的转换，而且是两种思维的转换。英汉民族的思维方式不同，语言层面的表达方式也不同。

一、形合和意合

英汉语言属于不同的语族。汉语属于汉藏语系，英语属于印欧语系，它们在发音、构词法、句法、修辞形式以及谋篇布局方面都有各自的规律和特点。英语重形合，汉语重意合。我国著名的语言学家王力先生在《中国语法理论》中首次提出"形合"和"意合"两个概念，并将其作为语言的两种基本组织形态。形合和意合中的"合"，也就是排列、组合的意思，是语言符号组织的基本方式。英国翻译家 E. Nida（1983）说："就汉语和英语而言，也许在语言学上最重要的一个区别就是形合和意合的对比。"

形合和意合是语言组织法则。潘文国（1997）认为，所谓形合，指借助语言形式手段（包括词汇手段和形态手段）实现词语或句子的连接；所谓意合，指不借助语言形式手段而借助词语或句子所含意义的逻辑联系来实现它们之间的连接。前者注重语言形式上的衔接,后者注重行文意义上的连贯。英语的形合其实就是使用形式或形态因素的显性连接,汉语的意合就是隐性连接,主要是逻辑关系在起作用。

二、英汉并列结构形式

英汉语言的并列结构十分丰富,其并列形式虽不乏相同之处,但也存在着明显的差异。

(一)英语并列结构形式

英语的并列结构必须借助显性的连接手段,语义可以是相同(相对)或相近(相反)的成分。以"and"为例,主要分为以下形式。

1. 连接单词:walk and dance, David and Mike 等。

2. 连接短语:on the table and on the floor, to give and to take 等。

3. 连接句子:That David is tall and that Mike is strong are well known. 等等。

4. 特殊连接:

连接单词构成一个复合形容词:an old black-and-white movie 等。

连接含词缀的形容词(suspended compound adjectives):the pre- and post-war years(注意连字符"-")。

(二)汉语并列结构形式

汉语的并列结构是把语法地位上平等、意义相同(相对)或相近(相反)的成分并列起来组成一个词。连接手段有显性也有隐性,可连接的形式是多元化的。

1. 连接字词:语言、善(与)恶、我和你、读书与写字、工作与玩耍等。

2. 连接短语:我们的教室与他们的教室、我们的亲戚及亲戚的亲戚等。

3. 连接句子:她喜欢运动、他喜欢音乐。

三、英汉并列结构的连接手段

英汉语均不乏并列结构,且具有类似的衔接手段。两种语言都会使用并列连词和标点符号作为连接手段。构成并列结构的连接手段通常被看作一种标记类型。(李丹弟,2016)英汉并列结构的连接手段既有相同之处,亦有各自特点。

（一）英语并列结构的连接手段

英语构成并列结构的连接手段类型主要有六类（Quirk et al. , 1985）：逗号（comma），如"my father, my mother"；连词（simple coordinators），如"and""or""but"；副词（adverbs），如"then""besides""still"；关联词（correlative phrases），如"both … and …""not only … but also …"；短语连词（coordinative phrases），如"on the other hand""that is to say"；准并列连词（quasi coordinators），如"for""so that"。从出现频率上来看，相对于其他连接手段构成的并列结构，英语并列连词出现频率是最高的。

英语并列连接词显现是更常见的形式。因此，我们在谈到英语并列结构举例时，一般都举并列连接词显现的并列结构。但是，在以下几种情况下，英语并列连词一般隐匿，只能通过逗号把并列项连接起来构成并列词语。

1. 同时列举两个或多个并列项，英语也可以采用无连词并列形式。（Quirk, et al. , 1985：1266）

例 1：Slowly, stealthily, he crept towards his victim.

例 2：Slowly and stealthily, he crept towards his victim.

例 1、例 2 相比较，例 1 的语气比例 2 的语气更自然。

2. 为了加强语气而重复同一个词的时候，英语并列连词一般隐匿。（转引自吕天石，1984：185）

例 3：It's very, very awkward. (= It's extremely awkward.)

例 4：It's far, far too expensive.

3. 肯定一项，否定另一项时，英语并列连词一般隐匿。

例 5：I want this book, not that one.

例 6：He did that work for love, not for money. [①]

以上几种情况都可以添加或还原并列连词，并列连词隐匿是为了特定的语用效果。但是，并列的单词、短语并不都是并列连词隐匿的并列词语。如果能在某个结构中添加"and""or"或"but"而基本不改变原义，就说明这个结构是一个并列连词隐匿的并列词语。正是由于这一点，连词隐匿的并列词语才区别于其他结构。

---

① 例 5 和例 6 的否定词"not"亦可替换为"rather than""instead of"。

并列结构的插入语,在最后一个项目之前插入一个词语,使这个项目处于更加突出的地位。并列结构成对组合的办法使整个结构更加紧凑。

以"and"为代表的表示语义引申的并列连词,包含"and""both … and""not only … but also""not … nor""neither … nor"等。这一类并列连词在语义上表示其连接的成分是对前项的补充和引申,包括肯定和否定两种意义的引申,在用法上各有侧重。

"both … and …"只连接成分不连接句子,只连对等结构。

例 7:Both the teacher and the student are pleased to hear the news.

"not only … but also …"连接成分和句子,只连对等结构。

例 8:Not only I but also he will take part in the meeting.

例 9:Not only did he help me, but also he sent me home.

以"or"为代表的表示选择的并列连词,包括"or"和"either … or"。"either … or"连接成分和句子;连接对等结构或不对等结构。

例 10:Either you or I am going to Shanghai.

例 11:He can either stay at home or leave.

例 12:He has either gone to the movies or (gone to) the theatre.

以"but"为代表的表示语义转折和对比的并列连词,包括"but""not … but …""while""whereas""only""yet"。

"neither … nor …"连接成分和句子,连接对等结构或不对等结构。

例 13:He neither likes fiction nor (likes) poetry.

(二)汉语并列结构的连接手段

现代汉语构成并列结构的标记类型主要从连接手段的性质或者说连接手段的来源进行划分。(黎锦熙,刘世儒,1985;赵元任,1979;范晓,1991;储泽祥,2002)吕叔湘(1979)、张宝林(1996)、张斌(2001)等把有关联作用的短语词也归入连词,只是在词条上加了"短语词"标注。与同形的实词性短语相比,连接性短语语义上已不都是内部的各个词含义的简单相加,有其本身特定的意义;在句法上其句法功能趋于虚化,只相当于一个词,也不再充当句子成分,不受其他成分修饰,只出现在句首或主语之后的位置上,起连接作用。如"一方面",它在句法功能上已经虚化,不再做数量词,而只出现在分句句首或介词短

语前面,连接并列的两种相互关联的事物,或一个事物的两个方面。例如:

例 14:一方面加强营养,一方面加强锻炼。

例 15:一方面由于天气恶劣,另一方面由于主要的胡椒种植者转种高价位的可可,所以,三年以来,全世界的胡椒产量已经远远低于销售量了。

这些词语多是三音节,从结构本身上看是短语,从语义和句法功能上看是词,因此称之为连接性短语,理应划入连词范围。当然,表并列关系的,也应划入并列连词范围。

值得注意的是,在多项常规并列结构中,英语并列连词具有强制性,即最后两项并列成分之间通常应出现并列连词,而在汉语中,某些情况除外,并列结构一般呈现为意合方式,即使是转折关系,有时也将连词省略。这意味着英语并列连词使用要多于汉语。

此外,"and"与"or"可用于衔接词语、小句、句子、段落等各种成分,"和"与"或"等则一般多用来连接字、词,某些形式偶尔也可用于衔接小句或句子(如"或者你是对的")。这进一步说明,英语并列连词使用频率要远远超过汉语。

英语有非常规并列现象。多项并列结构中,省略及反复使用并列连词可形成"散珠"与"连珠"两类修辞手段,汉语则无类似现象。累加式并列不允许连续出现"和""与"等衔接手段,选择式并列可重复使用"或(者)"等形式,且具有一定的修辞功能,但所构成的辞格多为排比结构,修辞效果与"散珠"不尽相同。

四、形合与意合的转换

基于上述对比与分析,不难发现,英汉并列结构存在许多相似之处。这意味着两种语言存在着对等转换的可能性,即形合与意合的互相转换。

(一)从形合到形合

如上所述,汉语并不绝对排斥并列连词。如果原文是出现了形式衔接手段的并列结构,既可以直接选择相应的并列词语进行转换,也可视情况酌情灵活变通为其他结构。例如:

例 16：花虽多，但无奇花异草。

译文一：I grow many flowers, but none of them are exotic or rare ones.

译文二：I grow many flowers; none of them are exotic or rare ones.

译文三：I grow many flowers; however, none of them are exotic or rare ones.

译 文 四：Although/Though I grow many flowers, none of them are exotic or rare ones.

译文五：I grow many flowers; none of them are exotic or rare ones, though.

译文六：I grow many flowers while none of them are exotic or rare ones.

本例来源于网络资源，原文出现了转折连词，译文二、三是笔者补充的，原文的逗号转成译文的分号。前三个译文属于并列结构。英语复合句的构成方式有三种：第一种是逗号加并列连词，如 "and" "but" "or" "for" "neither" "yet" "so"；第二种是分号；第三种是分号加副词加逗号。后三例译文均出现了从属连词，译文运用了不同的衔接形式。此外，需要注意的是，本例原文也运用了意合式并列（奇花异草），翻译需增添显性连词 "or"。

例 17：幽默当然用笑来发泄，但是笑未必就表示着幽默。

译文一：Humor certainly gets a laugh, but laughing is not always induced by humor.

译文二：Although/Though humor certainly gets a laugh, laughing is not always induced by humor.

译文三：Humor certainly gets a laugh; laughing is not always induced by humor, though.

译文四：Humor certainly gets a laugh while laughing is not always induced by humor.

本例来源于网络资源，原文出现了转折连词，译文选择了对应的并列手段 "but"，其他几种译文则运用了不同的衔接形式。

例 18：鸟是否能快乐得像人，我们不知道；但是人会容易满足得像鸟，我们是常看见的。

译文一：I don't know whether birds can be happy like human beings, but I often see human beings readily satisfied like birds.

译文二：I don't know whether birds can be happy like human beings; however,

I often see human beings readily satisfied like birds.

译文三：Although/Though I don't know whether birds can be happy like human beings, I often see human beings readily satisfied likc birds.

译文四：I don't know whether birds can be happy like human beings while I often see human beings readily satisfied like birds.

译文五：I don't know whether birds can be happy like human beings. However, I often see human beings readily satisfied like birds.

本例原文出现了转折连词,译文一、译文二选择了对应的并列手段,译文三和四则运用了不同的衔接形式,译文五拆分为两个句子。诚然,以上三个例子还有其他译文,在此不逐一详析。

（二）从意合到形合

多数情况下,汉语并列结构呈现为流水句式,其中各并列成分之间均以隐性的意合方式排列。翻译过程中,译者一般只需要依照英语表达规则,在最后两个并列项之间添加相应的并列连词。例如:

例19：房间里有一把椅子,两张桌子。

译文：There is a chair and two desks in the room.

例20：坚定不移"打虎""拍蝇""猎狐"。

译文一：We have taken firm action to "take out tigers", "swat flies", and "hunt down foxes".

译文二：Firm action is necessary to "take out tigers", "swat flies", and "hunt down foxes".

例21：我们几姊弟和几个小丫头都很喜欢——买种的买种,动土的动土,灌园的灌园。（许地山《落花生》）

译 文：That exhilarated us children and our servant girls as well, and soon we started buying seeds, ploughing the land and watering the plants.

（三）翻译对等

世界上的人们生活在同一个地球上,拥有相同或者相似的生活经验和思想感情,因此任何一种语言都会在另外一种语言中找到对应的词语,例如自然界中的日月星辰、山川草木、飞禽走兽、风雨雷电,人类自身的衣食住行、生老病死、喜怒哀乐、善恶美丑。但是,由于自然环境、人文环境、心理结构、社会历史以及文化价值观的不同,语言和语言之间还存在许多不相对应的或者不相对等的情况。就像翻译理论家许渊冲(2005:3)所说的那样,"全世界有十多亿人在用中文,又有约十亿人在用英文,所以中文和英文是全世界用得最多的文字,中英互译是全世界最重要的翻译"。英汉翻译对等是从语言结构到语言意义在目的语中用最贴切、最自然的语言实现语用对等的过程。英汉并列结构的互换自然也不例外。

翻译对等不是绝对的。由于语言的差异性、文化的多样性、译者的主观性以及受众的能动性,翻译在力求对等或等值的同时,不可避免地会发生语义、文化信息的缺省或者语用的不等效,因此对等是理想的目标。翻译对等的好处不仅体现在语言理解的准确性上,还体现在文化传播方面,这与翻译的目的是一致的。翻译对等有助于促进文化交流和理解。比如,在"中国文化走出去"的战略背景下,讲好中国故事,传播中国声音,既要追求正确的语言形式,又要实现话语的对等价值,即使得外国读者感受到中国的话语魅力和价值观念。翻译就是搭建不同文化沟通的桥梁。

五、结论

语言是人类沟通交流的方式,翻译是人类语言活动的重要组成部分。人类的翻译活动几乎与语言的产生和发展一样古老。翻译是使用不同语言的民族、国家之间互相交流、互相沟通、互相学习和借鉴的不可或缺的手段。翻译就是要借助语言跨越文化障碍,达到有效沟通的目的。

从语言形态学角度分类,英语属于印欧语系,是一种综合型语言,而汉语则是一种以分析型为主的语言。英语重形态,汉语轻形态。因此,英汉语言体系不同,句式结构是很重要的表现之一。其中,英汉语言在并列结构方面存在显著的差异,这些差异的转换需要借助语言形式手段(如连词、标点)来实现词语或句子的连接,同时要符合目的语的表达习惯。

第八章 >>
英汉并列结构的翻译方法与技巧

　　作为一种以意合结构为主的语言,汉语大量使用并列结构,但表面上并列的词语或短语在逻辑上不一定构成并列,这与以形合结构为主的英语形成明显反差。翻译时,需要正确理解原句的语义逻辑,然后根据目的语的习惯重新排列逻辑关系。为了更好地传递原文的逻辑关系,语序或结构的调整是必要的。正如 Nida 和钱锺书先生所言,翻译要改变语言形式及"表达形式",其中就包括改变句型和改变句子结构。

一、翻译的思维模式

　　关于中西思维模式之别,林语堂(1994:211)做过一个极为精炼的概括:"西洋重系统的哲学,是一种推理的结构,有前提,有论证,有结论的踪迹可寻,如七宝楼台,有轮廓,有基石,有顶层,琳琅满目。中国的哲学,字字珠玑,如夜明宝珠,单独一个,足以炫耀万世。又如半夜流星,忽隐忽现,不知来源,不测去向。""中国人不重形而上学,因为与身体力行无关,中国人不注重逻辑,尤不喜爱抽象。"这正如王寅(2009:67)所说,"语言是思维的一种物质外壳和体现形式"。两位学者的总结,揭示了汉英差异的本质根源,中西思想方式的差异,无不反映在汉英两种语言上。

　　语法学家王力(1986:310)指出,汉语是重意合的语言,英语是重形合的语言。前者的意合性表现在词、小句和句子的结合是通过并置,而不是使用有形的连接成分,因此汉语语法被认为是隐性的。句子结构松散,行文中并列谓语或并列短句居多,句型单一,用词抽象重复。相比而言,英语重形合:词与词结合成小句,小句结合成句子,句子结合成更长的文本单位,都是通过显在的词汇和语法手段(连接词、曲折变化等)来实现的,因此英语的语法被称为显性语法,要求句子结构紧凑,逻辑关系严密,层次分明,主谓关系密切。

二、翻译的转换形式

翻译是运用一种语言把另一种语言所表达的思想内容准确而通顺地表达出来的跨语言跨文化的思维活动。在翻译的过程中,译者要遵循忠实和通顺的原则,用目的语再现源语信息。正确是译文最基本的要求,除此之外,还要讲究规范。所谓的规范,是指译文的词汇、短语、句子、句法以及思维表达都要符合本语种的一般规范和习惯,否则就出现中文西化、西文中化的现象。为满足上述要求,译者必须清楚地掌握英汉两种语言文字的相同点和相异点,不然译文将晦涩难懂,很难实现顺利转换的效果。下文中的例子若无特殊标识,均来源于《汉英翻译教程》。

(一)并列结构译为并列结构

源语中包含并列结构,翻译时保留并列结构。一般情况下,这种翻译策略适用于同质并列结构。

例1:激发和保护企业家精神,鼓励更多社会主体投身创新创业。

译文:We will inspire and protect entrepreneurship, and encourage more entities to engage in innovation and business.

本例来源于网络。原文中有两处并列表达,一是"激发和保护",二是"创新创业"。前者是显性连接的并列结构,后者是隐性连接的并列结构。英文是形合语言,需要显性连接词,翻译时直接增加"and"连接两个并列项,这样原文的并列结构得以保留,再现了正确的语义关系。

例2:我国物质文明、政治文明、精神文明、社会文明、生态文明将全面提升。

译文:New heights are reached in every dimension of material, political, cultural and ethical, social, and eco-environmental progress.

此处的"物质文明、政治文明、精神文明、社会文明、生态文明"是五个名词短语构成的并列结构。在翻译时,译者保留了原文的并列结构形式,使用五个形容词并列,体现英汉语言共性的同时也体现了英文的简洁性。

（二）并列结构改译为部分并列结构

中华民族讲究对称美,语言表达也不例外,这反映了中国人独有的阴阳平衡观念。在汉语中,并列结构是一个非常普遍的现象。这一点在时政文献中体现得尤为明显。

例3:当前,世界多极化、经济全球化、文化多样化、社会信息化深入发展,人类社会充满希望。

译文:The world today is moving towards multi-polarity and becoming more economically globalized, culturally diverse, and IT-driven. All this offers hope to humanity.

原文中的"世界多极化、经济全球化、文化多样化、社会信息化"是四个抽象名词短语构成的并列结构。翻译成英文时,主语转换为"the world",谓语动词也要进行相应的调整。因主语的调整,第一个名词短语转换成一个单句,后三个名词短语转换为谓语动词的并列表语,也就是说只保留后三个名词短语的并列关系。

例4:……,下真功夫,练真本事,求真名声。(《习近平谈治国理政》第四卷,第327页)

译文:… work diligently to hone your skills and achieve genuine fame. (Xi Jinping: The Governance of China, IV, p. 378)

在原文中,"下真功夫,练真本事,求真名声"是三个动宾短语的并列结构。事实上,后两个并列项是第一个并列项的目的。"下真功夫"的目的是"练真本事"和"求真名声"。翻译时,采取变译的方法,"hone your skills"和"achieve genuine fame"二者并列,成为"work diligently"的目的。

例5:国家加快建立统一开放、竞争有序的现代市场体系,依法促进各类生产要素自由流动,保障各类市场主体公平参与市场竞争。

译文:A nationwide modern market network shall be established that is open to all, allows orderly competition, facilitates the free flow of productive resources, and ensures equal access by all types of business.

本例来源于网络。表面上,原文是三个并列的动宾短语,即"加快建立统一开放、竞争有序的现代市场体系""依法促进各类生产要素自由流动"和"保障各类市场主体公平参与市场竞争"。逻辑上仔细分析一下,后两者是前者的功能介绍,即建立现代市场体系的作用就是要依法促进各类生产要素自由流动和保障各类市场主体公平参与市场竞争。在这种情况下,翻译成英文时可以保留一个主动词,其他两个处理为从属短语。

（三）并列结构改译为从属结构

由于英汉语言各具特点,因此两种语言的转换要侧重信息的传递,而非形式的对等。在一定语境下,牺牲原文的结构关系是必要的选择。

例6:国家持续放宽市场准入,并实行全国统一的市场准入负面清单制度。

译文:Market access shall be widened, with a rollout of a single national negative list.

本例来源于网络。原文是两个并列分句构成,事实上,这两个分句的逻辑关系并非并列关系。后者是放宽市场准入的一个手段。因此,英译时要调整逻辑关系,将原文的并列关系译为从属关系。

例7:中国和东盟国家山水相连、血脉相亲。(《习近平谈治国理政》第一卷,第292页)

译文:China and the ASEAN countries are close neighbors sharing kinship. (Xi Jinping: The Governance of China I, p. 320)

本句中,"山水相连"和"血脉相亲"是并列短语,翻译时,第二个短语调整为分词短语,修饰"neighbors"。目的语传达了中国和东盟的友好关系,表达方式更加简洁易懂。

例8:对新时代中国青年来说,热爱祖国是立身之本、成才之基。(《习近平谈治国理政》第三卷,第334页)

译文:It is the foundation on which young Chinese in the new era can become winners in life. (Xi Jinping: The Governance of China III, p. 388)

本句中,"立身之本"和"成才之基"是并列短语,翻译时,第二个短语调整为定语从句,修饰"foundation"。目的语突出的是先"立身"、后"成才",符合人们成长发展的自然规律,强调"立身之本"的基础性和重要性,易于目的语读者领悟先后逻辑关系。

三、翻译方法与技巧

英汉语言结构对比的目的不仅仅是为了进行对比,而是为了更好地服务语言实践。翻译是语言实践的重要形式。英汉并列结构的翻译需要讲究一定的翻译方法与技巧。

(一)直译(literal translation)与意译(liberal translation)

直译与意译是使用频率最高的翻译方法。翻译界一直存在直译和意译之争。钱歌川先生曾说过,"翻译没有固定的规则和方法"。因此,我们只能在实践中积累经验,寻找出直译和意译的一些规律。

直译是指翻译时既忠实原文内容,又符合原文的结构形式。英汉语的结构有相同的一面,汉译时可照译,即"直译"。特别要注意的是,"直译"不等于"死译""硬译",也不等于字对字翻译。

例9:尊重彼此核心利益和重大关切,求同存异,包容互鉴,共同进步。

译文:We should respect each other's core interests and concerns. We can seek common ground while shelving differences, uphold inclusiveness and mutual learning, and make progress together. (陈池华,2019)

在本例中,"核心利益"和"重大关切"是并列名词短语,"求同存异""包容互鉴"和"共同进步"是并列动词短语。翻译时,译者采用直译法,将原句形式和内容完整地再现。

例10:He ran his administration as one-man show, and loved to exercise authority … Arthur Krock reported that he was "**the boss, the dynamo, the works**".[①]

译文:他在政府里惯唱独角戏,喜欢发号施令。……阿瑟·克罗报道说,罗斯福"是老板,是发电机,是钟表的发条"。(陈池华,2019)

在本例中,"the boss""the dynamo"和"the works"是三个名词的并列,在句子中做表语。翻译时,译者采用直译法,利于目的语读者的理解。

由于汉语有多种并列连词,而且还可隐含,在翻译时,译者可采用不同的

---

① 笔者认为,此句在最后一个并列项前面加并列连词会更严谨。

并列连词,增加译文的可读性。

例 11:搞好社会治安,是关系到人民群众**生命财产安全**和**改革、发展、稳定**的大事。

译文:Sound public security is of prime importance for the safety of people's lives and property as well as the reform, development and stability.

在本例中,"生命财产安全"和"改革、发展、稳定"是包含并列连词的一级并列关系,每个一级并列关系里包含着二级并列关系。"生命财产"虽然没有并列连词,但隐含着"生命"和"财产"的并列。"改革、发展、稳定"是三个名词通过顿号连接的并列体。翻译时,如果都采用"and"连接,将导致逻辑关系不清晰。在这种情况下,完全可以使用不同的并列连词,以区分层级关系。本例"as well as"指示较高层次的并列关系,"and"指示较低层次的并列关系,因而逻辑清晰,层次分明。

类似的例子如下。

例 12:投资要重点用于加强**农林水利**建设,**能源、交通、通信、环保**等基础设施建设。

译 文:We should focus investment on strengthening agricultural, forestry and water conservancy projects as well as energy, transportation, communications, environmental protection and other infrastructural facilities.

本例中,"农林水利"是隐性并列,"能源、交通、通信、环保"是显性并列,两个"建设"构成并列关系。为了避免"and"多次使用引起的逻辑关系混乱,译文在关键处改用了"as well as"。

例 13:我们党的领导集体保持了**路线、方针、政策**的连续性和全国社会政治稳定的局面。

译文:Our party smoothly maintained the consistency of the line, principles and policies as well as social and political stability throughout the country.

本例包含两级并列关系,一级是"和"作为连接词,二级是顿号构成的并列。翻译时,运用不同的并列连词,区分不同的并列层级,方便受众理解。

例 14:政府部门不准违反有关规定购买豪华车;不准利用手中权力调换价格更昂贵的小汽车,向下级单位或企业借车,或强迫下属单位或企业为自己买车。

译文：Government departments will be prohibited from purchasing luxury cars in violation of relevant regulations, or using their power to trade for more expensive cars, to borrow cars from subordinate units or enterprises, or to force subordinate units or enterprises to buy cars on their behalf.

在上述译文中，第一层次的并列用"-ing"形式标明（purchasing 与 using），而第二层次的并列使用"to"（to trade, to borrow, to force）。由于标清了两个不同的层次，全句结构一目了然，有利于受众一遍读懂。

与直译不同，意译是指翻译时在忠实原文内容的前提下，摆脱原文结构的束缚，使译文符合目的语的规范。此外，这两种语言之间还有许多差别，如完全照译，势必出现"英化汉语"或"汉化英语"，这时就需要意译。

例 15：East or west, home is best.

译文：金窝银窝，不如自己的草窝。（陈池华，2019）

原文是一句英语谚语，强调人们对家庭的深深眷恋和依赖，无论我们身处何方，心中总是怀念家的温暖和舒适。在东方文化中，家庭观念尤为重要，家庭是社会的基本单位、人们生活的核心。在西方文化中，虽然强调个体独立和自由，但家庭仍然是人们最重要的依靠。无论东方还是西方，人们对家庭的珍视和依赖是普遍存在的，家庭是心灵的港湾、是永远的避风港。这句话也可以采用直译。此处，采用意译，正好与中国的一句谚语"金窝银窝，不如自己的草窝"吻合。

例 16：中美建立新型大国关系前无古人、后无来者，是一项没有现场经验可循的历史创举。

译文：The building of a new model of major-country relationship between China and the United States is unprecedented, inspiring for the next generation and for generations to come. It is a historic innovation that has no ready experience to follow.（陈池华，2019）

在本例中，"前无古人"和"后无来者"构成并列结构成语，意思是指空前绝后，即某事物或成就前所未有，以后也很难再有。这个成语出自唐代诗人陈子昂的《登幽州台歌》，原文是"前不见古人，后不见来者"。例句中该成语用来赞美某事物的独特性和创新性。翻译时，译者采用意译法，直接翻译成"unprecedented"，正确地传达了原文的内容。

（二）增译（amplification）与省译（omission）

增译是一种常用的翻译技巧。为了正确地传达原文的信息，翻译时需要根据两种语言思维方式、表达习惯的差异，增加适当的单词、短语或句子。由于英语是形合语言，汉语是意合语言，两种语言存在表达差异，因此单词的意义并不完全对应。翻译时，需要结合语境，对单词的意义进行适当的补充。

例 17：As I argued in the previous section, Paradis's account of the prevention of interference by means of suppression of one of a bilingual's languages says little about what happens during actual translation (or, particularly, interpreting), a point at which what is obviously required is a balance between **inhibition and activation**.

译文：正如我在上一节中所说的那样，帕拉迪斯通过压制两种语言中的一种来防止其对翻译过程产生干扰，但他没有对实际翻译（特别是口译）过程中发生的事情进行详细说明。显然，我们需要在抑制一种语言与激活另一种语言之间取得平衡。（刘静雯，2022）

在本例中，如果将"and"连接的两个名词直接翻译为"抑制与激活"，译文因信息缺失而令人费解。针对这种情况，译者分别增加了"一种语言"与"另一种语言"，确保信息的完整。

例 18：A translator's readings are not those of the casual reader, however well **informed and engaged**.

译文：无论是多么了解该书的相关信息或阅读得有多投入的普通读者，其阅读体验都与译者不同。（刘静雯，2022）

在本例中，"and"连接两个形容词。尽管形容词不难理解，但将其翻译成中文并非易事。根据上下文语境，译者将其转换为"了解该书的相关信息或阅读得有多投入"比单纯的"有学识的或有投入的"更容易传递原句的信息。

例 19：经济发展与资源、环境的矛盾日益突出。

译文：The disparity between economic development on the one hand and national resources and the environment on the other hand is becoming increasingly outstanding.

在本例中，"经济发展"与"资源、环境"是一级并列关系，而"资源、环境"是二级并列关系。翻译时，如果采用"between … and"搭配，读者看不清"between"与哪一个"and"关联。究竟应将"economic development and national resources"与"the environment"做比较，还是将"economic development"与

"national resources and the environment" 比较,令人费解。在这种情况下,译者添加了 "on the one hand … on the other hand",全句结构一清二楚。

例20:必须始终坚持一手抓物质文明,一手抓精神文明;一手抓经济建设,一手抓民主法制;一手抓改革开放,一手抓打击犯罪和惩治腐败。

译文:We must always work for material progress and at the same time for cultural and ethical progress. We should develop the economy and at the same time strengthen democracy and the legal system. We should promote reform and opening to the outside world and at the same time fight crime and punish corruption.

在本例中,表面上是六个"一手抓"并列,实际并非如此。这六个"一手抓"可以归为三组并列。此译文由于添加了三个"at the same time",所以读起来轻松自如。假如把这三个标示性词组删去,则全文含有过多的"and",区分层次较累。尤其是第三句"promote … and fight … and punish",一眼看不清应在何处进行第一层次的切分。

例21:在新时代的征程上,全党同志一定要适应新时代中国特色社会主义的发展要求,提高战略思维、创新思维、辩证思维、法治思维、底线思维能力,增强工作的原则性、系统性、预见性、创造性,更好地把握国内外形势发展变化……(《习近平谈治国理政》第三卷,第61页)

译文:On this new journey all our Party members must keep abreast with the new requirements of the new era, improve our capacity for strategic, innovative and dialectical thinking, bear in mind the rule of law and our principles, take a holistic, forward-looking and innovative approach to work, and better understand the changing domestic and international situation. (Xi Jinping: The Governance of China III, p. 83)

按照中文表达习惯,我们一般通过列举一系列结构一致的名词短语或句子来达到句式工整的目的,如例句中"战略思维、创新思维、辩证思维"。但在英文中,特别是在政治话语外宣的情况下,过多的并列短语会显得结构过于拖沓累赘,因此本例句采用了增译的翻译策略,添加"bear in mind the rule of …""take … to work"结构,使表达更清晰,受众也能够更好地了解中国共产党为适应新时代中国特色社会主义所需要达到的要求和付出的努力。(周若婕,孙建冰,2021)

与增译相反,省译旨在删除那些与目的语的思维方式、表达习惯不符的词汇。英译汉时,经常省略连词、介词、动词等,使译文更加通顺流畅。

例 22: These can bring something new into the world, and in that sense be original, even where a degree of **imitation and copying** has been involved in their creation.

译文:即使人们在创作过程中存在一定程度的模仿,但这一行为仍然能够为世界带来新事物,从这个意义上来说它就是具有创造性的。(刘静雯,2022)

在本例中,"imitation" 和 "copying" 是同义词,二者意思相似,翻译时,采用省译,既可以传达原文的思想,又可以确保译文的简洁性。

例 23: In the previous section, I outlined and modelled the complex interplay of **plans, hopes and expectations** between the writer, translator and reader in the making of a translation, rarely made fully conscious to or even thought of by all of these players.

译文:在前一节中,我对作者、译者、读者对翻译工作的期望以及三者之间的复杂性进行了概括总结,并不是所有参与者都能充分意识到这些因素。(刘静雯,2022)

在本例中,"plans, hopes and expectations" 是由 "and" 连接的三个名词的并列结构。"plans" 的意思是 "打算","hopes and expectations" 的意思是 "希望和期望"。三个词的意义非常接近,因此,翻译时可以采用省译的方法。

例 24: In either case, meaning is as fleeting as the moment in which it raises and as **unique and unrepeatable** as the momentary constellation of participants in the relationship.

译文:无论哪种情况,意义的存在都很短暂,就像这段关系中短暂的参与者一样独一无二。(刘静雯,2022)

在本例中,"and" 连接两个形容词 "unique" 和 "unrepeatable"。前者的意思是 "独特的,独一无二的",后者的意思是 "不可复制的"。两个词表达相同的含义。为保证译文的简洁性,翻译时采用了省译的方法。

例 25:我们要深化**科技**和**教育**体制改革。

译文:We should deepen the reform of the management systems of science, technology and education.

在本例中,并列关系十分清楚。通常,我们将"科技"译成"science and technology",但如果加上"and education"就显得结构太复杂。事实上,第一个"and"是二级层次的并列,而第二个"and"是一级层次的并列。两个"and"都保留,显得结构烦琐费解。如果删除第一个"and",即减少一个层次,译文明朗加倍。

（三）合译（combination）与分译（division）

合译,亦称"并句",英文称之为"combination",是将原文中的两个或多个单词、句子合译为一个单词、句子。合译可以使译文简洁流畅、语气贯通、逻辑严密、概念明确。分译,亦称"拆句",英文称之为"division",是把原文中的某个词、短语或句子拆分为目的语的两个或两个以上的分句或句子。分译法的要点在于将原文中非单句的成分转化为句子,而合译法的要点则是将多个句子合为一个。这两种翻译技巧的运用和汉英语言不同特点有关。英语是树状结构,主次分明,逻辑性强,更为显性。汉语是流水结构,以语序为表达逻辑的手段,更为隐性。

例 26：In this chapter, I discuss accounts of the translating process, **both experimental and speculative**, beginning, in Section 3. 2, with an excursion into the theory of meaning developed within analytical philosophy of language and ending with reference to a neo-Kantian philosophical aesthetics, which focuses on the observer's attitude towards the object of observation.

译文：本章对翻译过程进行了探究性实验,从 3.2 节开始,我将以从语言分析哲学中发展起来的意义理论为出发点,以专注于观察者对观察对象的态度的新康德主义哲学美学为结束,为下文解释翻译的创造性打下基础。（刘静雯,2022）

在本例中,"and"连接两个后置形容词"experimental"和"speculative",修饰"accounts"。如果保留原来的单词形式,翻译成中文时,应该是"实验性和推测性的讨论"。事实上,"实验性的"也是"推测性的","推测性的"也是"实验性的",二者是同义词。翻译时,采用合译法,将其译为"探究性实验",译文简洁明了。

例 27：In the current views, creativity is understood as a common human characteristic that everyone has and that everyone exercises to varying degrees, but which artists **possess and employ** to extraordinary levels.

译文：目前的观念认为创造力是人类共有的特征，而且每个人的创造力水平各不相同，其中艺术家的水平最高，能将创造力发挥到极致。（刘静雯，2022）

在本例中，"and"连接两个动词"possess"和"employ"，并列动词做定语从句的谓语。两个动词的意义不同，故翻译时需要区别对待。如果保留原文的词汇形式并列，译文将是"但是艺术家拥有并运用到了超高的水平"。这样的译文令读者费解。因此，翻译时，需要将单词拆译为短句，使译文更加通顺易懂。

例 28：The systematic knowledge or competence of the speaker or interpreter is learned in advance of occasions of interpretation and is conventional in character.

译文：说话人或口译员的系统知识是在口译活动开始之前习得的，而且他们的能力大多比较常规。（刘静雯，2022）

在本例中，"and"连接两个并列的谓语，一个是"is learned in advance of occasions of interpretation"，另一个是"is conventional in character"。如果两个谓语共用一个主语，使得句子冗长，表达意义不清晰。翻译时，采用分译法，在第二个谓语前增加主语，易于读者清楚原句的思想。

（四）转译（conversion）与变译（adaptation）

由于英汉语言表达各有其特定的思维模式和表达范式，因此翻译并列结构时有必要调整语言单位的位置。转译指的是将一种语言中的句子结构或词语的词性进行转化，以适应另一种语言的表达习惯，如将动词转化为名词，形容词转化为名词等，以使翻译更加流畅。这种方法有助于克服不同语言体系之间的结构差异，确保翻译的准确性和可读性。

例 29：Translating has been shown to differ substantially from both writing and reading, most obviously in that translators work with two texts, **the text to be translated and the developing translation**, and their gaze moves between the two.

译文：此前已有研究证明翻译与写作及阅读有很大不同，最明显的是译者在处理待翻译的源文本和正在进行的译文时，他们的目光会在两者之间移动。（刘静雯，2022）

在本例中,"and"连接两个并列的名词短语,这个并列短语是"two texts"的同位语。在翻译时,如果直接保留并列短语这个同位语"待翻译的源文本和正在进行的译文",译文的通顺性很勉强。在这种情况下,译者采用转换法,将原文中的语言成分进行位置变换以适应目的语的表达习惯。

例 30:As the speaker speaks his piece the interpreter alters his theory, entertaining hypotheses about new names, altering the interpretation of familiar predicates, and revising past interpretations of particular utterances in the light of new evidence.

译文:当说话人讲话时,口译员可以适时对其理论进行调整,对新名词进行假设,对常用谓语的意思进行斟酌,并根据新情况修改过去对特定话语的解释。(刘静雯,2022)

在本例中,三个现在分词短语做谓语动词的解释性成分,补充说明"对理论进行调整"的具体做法。翻译时,译者将三个现在分词短语转换为与谓语动词并列的形式,凸显了语义的重要性。

例 31:时代是出卷人,我们是答卷人,人民是阅卷人。(《习近平谈治国理政》第三卷,第 70 页)

译文:We are like examinees sitting the tests posed by this era, and the people will review our results. (Xi Jinping: The Governance of China III, p. 92)

原文三个短句均采用主系表结构,营造了排比的语篇修辞效果,使句式工整,内容简洁明了,节奏明快。译文并未遵循原句中的主系表排比结构,而是通过变译的翻译技巧将这三个短句整合为一个复合句①。"We are like examinees"对应"我们是答卷人",后接"时代是出卷人"的译文"sitting the tests posed by this era",解释说明了"examinees"的行为,消除了读者的阅读障碍,顺应了读者的阅读期待。第三个短句的"阅卷人"本为名词,但在译文中转换为动词"will review",并且"our results"与前面"tests"对应,最后用"and"连接两个句子构成了一个完整的复句。原文的三个并列短句转换成一个英文复句,"we"和"the people"分别做两个分句的主语,形象、客观地表

---

① 周若婕,孙建冰. 新修辞受众理论观照下的政治话语外宣翻译策略研究——以《习近平谈治国理政》英译为例 [M]. 北京城市学院学报,2021(6):71-76. 在此文中,作者认为这是个转译的例子。

达了党群关系。这种翻译策略可以使译文更加符合英语表达的习惯和需要，采用受众熟悉的表达方式能够增加受众对译文的亲近感，提高受众对中国大政方针的理解度。（周若婕，孙建冰，2021）

四、结语

语言的普遍性决定了翻译的可行性。并列结构的普遍性反映了英汉翻译的逻辑共性与语言差异。翻译不是简单的词汇替换，它涉及两种语言的文化与思维的转换与表达。形式的并列不代表内容的平行。同样，结构的并列不代表思想的平行。翻译时，译者需要深挖源语并列结构的思想内容，然后采取恰当的方法与技巧，使其既充分再现原文的思想内容，又符合目的语的表达习惯，最大程度地实现对等。汉语并列结构并非总是表达并列、平级的关系，需要译者反复求证。只有正确地解读原文，采用恰当的翻译方法与技巧，才能正确地再现原文思想，向世界传递中国声音。

第九章 >>

英汉并列类修辞格翻译

在语言不同层面上使用并列结构,能够使不同的元素之间的关系简洁明了,信息表达正确完整。此外,很多情况下,并列结构的并列项还讲究一定的节奏和韵律,使其产生某种特殊的修辞效果。修辞是一种修饰语言的艺术,通过运用各种修辞手法,使语言更具感染力和表现力,从而更好地传达作者的意图。修辞常常用于文学作品、演讲和辩论等场合中。在写作中,使用修辞可以让文章更加生动有趣,吸引读者的注意力。

一、英汉修辞格的差异

"rhetoric"(言说术),在古希腊语里是流水的意思。无论学者将之定义为"说服艺术""良言术"(the science of speaking well),还是定义为"通过象征手段影响人们的思想感情、态度、行为",它在语意特定表达效果中所发挥的作用都不言而喻。修辞是语言表达的艺术。使用修辞格的目的是使语言更加生动形象、鲜明突出或者使语言更加整齐匀称、音调铿锵,加强语言表达力和感染力,引起读者丰富联想。

英汉修辞格分为三种情况:不同的修辞方式、部分相同的修辞方式以及相同的修辞方式。(山水,2020)

(一)不同的修辞方式

英语中的"alliteration"和"assonance"在汉语中没有对应的修辞格,但与汉语的双声和叠韵有相似之处,只不过汉语的双声和叠韵不是修辞格。翻译时只能适当用该方式进行替换,如:bread and butter 黄油和面包;fair and square 正大光明。

英语中的"oxymoron"在汉语中没有对应的修辞格,翻译时需要变通,适应汉语的表达习惯,如:painful pleasure 悲喜交加;victorious defeat 虽败犹荣。

此外,英语中的"zeugma",亦称"syllepsis",在汉语中也没有对应的修辞格,翻译时需要灵活处理,如:He picked up his hat and his confidence. 他捡起了帽子,也重拾了信心。

原文中同一个动词后接两个名词,翻译时,根据中文的搭配习惯,英文动词转换为两个不同的汉语动词,符合汉语的表达风格。

（二）部分相同的修辞方式

英语"simile"与汉语明喻特点基本相同,都明确表示主体和喻体的关系。但并非所有的"simile"都要译成汉语的明喻,有时需要用借喻、意译、解释翻译等方法转换表达方式或改变喻体,以符合汉语表达习惯。直译的例子,如:I wandered lonely as a cloud. 我犹如浮云般独自漫游。意译的例子,如:He was as drunk as a mouse. 他喝得烂醉如泥。解释翻译的例子,如:It's just like carrying coal to Newcastle. 这简直是运煤到纽卡索(英国一产煤中心),多此一举。

英语"metaphor"兼具汉语的隐喻、借喻和拟物等的格式,其作用也与汉语的这些修辞格基本相同,翻译时需要对应与转换。汉语借喻的例子,如:The girl is shedding crocodile's tears. 那个女孩在掉鳄鱼眼泪。汉语拟物的例子,如:Don't contact with the wolf in sheep's clothing. 别和这披着羊皮的狼交往。

汉语的借代对应英语的"metonymy"(借喻)和"synecdoche"(提喻),借用与它密切相关的人或事物来代替,如:He set a good table for us. (=He provided good food for us.)他给我们做了一顿美餐。He paid the workers $10 per head. 他付给每个工人10美元。前者是"metonymy"的例子,后者是"synecdoche"的例子。

英语的"pun"与汉语的双关虽然在修辞作用上基本相同,但两种修辞格很难在另一种语言中找到绝对对应的修辞格。因此,翻译时也不能用同一个相应的双关语转换,并且难以表达诙谐的意义。

谐音双关:More sun and air for your son and your heir. 我们这里有充足的阳光,清新的空气,这对您的儿子——您事业和财产的继承人——大有裨益。

美的空调,(美)(的)空调。

语义双关:—What weather do mice most dislike?

—When it is raining cats and dogs.

习语双关:Where there is a way, there is a Toyota. 丰田汽车品质卓越,广为人爱。

英语的"euphemism"和汉语的委婉语相似,都是为了避免听众产生不悦的情绪。英语的"euphemism"并非在汉语中都能找到对应的委婉用法,如:a slow student (instead of a stupid student)反应慢的学生(不是笨学生),the handicapped (instead of the disabled)残疾人。

(三)相同的修辞方式

英汉拟声词(onomatopoeia)修辞格完全相同,都是模拟事物发出的音响,借以使语言更加生动形象,翻译时可以对等替换,如:Whee-ee-ee! Whee-ee-ee! The police whistles shrilled suddenly. 呜—呜—呜! 呜—呜—呜! 警笛突然响了起来。

英汉夸张(exaggeration)修辞格完全相同,都是在现实的基础上对某些事物的特征作艺术上的扩大或缩小,故意言过其实,夸张是为了强调,以便给人以深刻的印象,如:Johnson was scared to death. 约翰逊吓得要死。

英汉拟人(personification)修辞格完全一样,就是把非人的事物当成人来描写,把本来只适用于人的词汇,如动词、形容词、名词等用于写物,使读者感到这样的事物具有人的属性,如:The wind whistled through the trees. 风呼啸着吹过山林。

英汉反语(irony)修辞格完全相同。反语就是说反话,将意思从反面予以表达,常常含有尖刻的嘲弄讽刺,有时候却是一种善良的幽默。反语使语言更有力量,如:Hiroshima — the "Liveliest" City in Japan 广岛——日本"最具活力"的城市。

二、修辞与翻译

翻译是两种语言的转换艺术。除掌握两种语言的基础外,译者还应掌握一定的修辞知识和修辞手段,尤其是修辞格的运用。要移植原文的风姿和文采,离不开一定的修辞素养。

例 1：The silence was deafening.

译文：全场鸦雀无声，让人透不过气来。

单词"deafening"的意思是噪声、怒吼、咆哮等让人震耳欲聋，鸦雀无声怎么能让人震耳欲聋呢？这就是直观印象或心理感受与客观事实之间的矛盾。

例 2：中华民族的昨天，可以说是"雄关漫道真如铁"……中华民族的今天，正可谓"人间正道是沧桑"……中华民族的明天，可以说是"长风破浪会有时"。（《习近平谈治国理政》第一卷，第 35 页）

译文：In the old days, the Chinese people went through hardships as grueling as "storming an iron-wall pass." … Today, the Chinese nation is undergoing profound changes, like "seas becoming mulberry fields." … In the future, the Chinese nation will "forge ahead like a gigantic ship breaking through strong winds and heavy waves." (Xi Jinping: The Governance of China I, p. 37)

撇开语言体系的差异，如果只看修辞现象，英汉语言在修辞格方面既有一致性，又有各自的特殊性。所以对这两种语言的修辞进行比较，可以借鉴和吸收有益的成分，可以丰富和发展本民族语言，提高本民族语言的交际功能。

英汉语言普遍存在的修辞格有明喻（simile）、暗喻（metaphor）、借代（metonymy）、拟人（personification）、反语（irony）、双关（pun）、委婉语（euphemism）、夸张（exaggeration）、排比（parallelism）、反问（rhetorical question）、对偶（antithesis）、重言（hendiadys）、反复（repetition）等。

例 3：My love is like a red, red rose. 明喻（simile）

译文：我的爱人像一朵红玫瑰。

例 4：Life is a stage. 暗喻（metaphor）

译文：生活是舞台。

例 5：The whole class rejoiced with the victory. 借代（metonymy）

译文：全班（人）都为这一胜利而欢欣鼓舞。

例 6：The thirsty soil drank in the rain. 拟人（personification）

译文：干渴的土壤吸吮雨水。

例 7：What a noble illustration of the tender laws of his favored country! — They let the paupers go to sleep! 反语（irony）

译文：他们竟允许穷人睡觉！ ——这是多么"高尚"的例证！多么"仁慈"

的法律! 多么"可爱"的国家!

例 8:An ambassador is an honest man who lies abroad for the good of his country. 双关(pun)

译文:大使是为了本国的利益住在国外的老实人。

大使是为了本国的利益在国外撒谎的老实人。

例 9:She wants to enjoy all the beautiful life before she goes to a better world. 委婉语(euphemism)

译文:她想在去安乐世界前享受所有美好的生活。

例 10:We have but one aim and one single, irrevocable purpose. 重言(hendiadys)

译文:我们只有一个目的,一个唯一的、不可改变的目的。

例 11:Perhaps, perhaps Maria would come. 反复(repetition)

译文:也许,也许,玛丽亚会来的吧。

英汉基本相似的修辞格可以直译,对于文化内涵有差异的修辞格可以意译。修辞比较研究是翻译学的一个重要研究课题。掌握英汉修辞的共性与异性不仅有助于译者正确理解原文的修辞表达,更有助于译者结合目标语境的文化,或直译,或再创造,形成类似的表达,从而达到意形结合,形神合一,提高翻译质量,引起读者的共鸣。

三、并列类修辞格的类型及翻译

并列类修辞格主要是指出现在同一语境中的相关表达在结构上是平行的,但其语义有相关、相反、渐进或渐降等特点,主要包括排比(parallelism)、对偶(antithesis)、层递(climax)、突降(anti-climax)、重言(hendiadys)、反复(repetition)等。前四类参照筠珞笙(2022)。

(一)排比(parallelism)

1. 定义及特点

parallelism 是把三个或三个以上结构相同或相似、意义相关或并重、语气一致的语言成分平行排列的修辞方法。

平行结构中的各个部分在语法结构上是相同或是相似的,这种相同或相似强调的是各部分之间的语法结构的相同,如:词与词、词组与词组、句子与句子、段落与段落之间的平行。此外,平行结构的各部分在内容和意义上是相关的,属于同一个语义范畴,否则的话就会给人啼笑皆非的感觉。

例 12：Mary likes hiking, swimming and laughing.

译文：玛丽喜欢远足、游泳和大笑。

句中的三者在结构上是一致的,"hiking""swimming"和"laughing"都是动名词,而且都是表示人的动作,但是,这三个词在内容和意义上则不是相关的,"hiking"和"swimming"属于同一个语义范畴,即：运动或锻炼项目的范畴,而"laughing"则是属于人的面部表情的范畴。因此,这三者虽然在结构上是一致的,但因为它们在内容和意义上并不相关而未能构成一个平行结构。如果把"laughing"改为"bicycling",则和"hiking""swimming"就成了意义相关的词了,相应的表达也就属于平行结构了。

2. 类型

一般情况下,平行结构的类型分为短语平行结构和句子平行结构。短语平行结构中的短语,可以是介词短语、分词或动名词短语、不定式短语以及其他短语。

例 13：We can gain knowledge by reading, by reflection, by observation or by practice.

译文：我们求知途径很多：或阅读,或思考,或观察,或实践。

例 14：Drinking, eating, and smoking excessively can do severe harm to even a young person's health.

译文：饮酒、饮食和吸烟过度甚至会对年轻人的健康造成严重危害。

例 15：It is important to know how to study, to learn how to plan one's time, and to understand how to manage one's work.

译文：知道如何学习、如何安排时间和如何管理工作是很重要的。

句子平行结构是指各并列项是从句或句子。

例 16：This is the man who has stirred three hundred million people to revolt, who has shaken the foundations of the British Empire, and who has introduced into human politics the strongest religious impetus of the last two thousand years.

——Roman Rolland: Mohandas Gandhi

译文：这就是那个人,他曾经鼓动三亿人民起来造反,动摇大英帝国的根基,并把过去两千年最强大的宗教势力引进人类的政治活动。

例 17: And that government of the people, by the people, for the people, shall not perish from the earth.　—Abraham Lincoln: The Gettysburg Address

译文:并且使这个民有、民治、民享的国家永世长存。

例 18: We shall fight him by land, we shall fight him by sea, we shall fight him in the air.　—Winston Churchill: Speech on Hitler's Invasion of the USSR

译文:我们将在陆地上同他作战,我们将在海洋上同他作战,我们将在天空中同他作战。

3. 修辞效果

排比通过将结构相同、相似,意思密切相关,语气一致的词语或句子成串地排列,达到加强语势的效果。这种修辞手法可以使得文章读起来朗朗上口,具有极强的说服力,从而增强文章的表达效果。用排比来说理,可收到条理分明的效果;用排比来抒情,节奏和谐,显得感情洋溢;用排比来叙事写景,能使层次清楚、描写细腻、形象生动……总之,排比的行文有节奏感,能增强文章的表达效果和气势,深化中心。排比是一种非常有效的修辞手法,能够显著提升文章的感染力和说服力,使表达更加生动有力。

4. 翻译

平行结构的翻译方法或技巧包括直译法、合并法或减译法、使用同义词替换、语句转换与重组等。

例 19:过去十多年来,中国一贯积极倡导和践行互信、互利、平等、协作的新安全观。(中国驻英国大使刘晓明 2014 年 5 月 20 日在英国国防大学联合指挥与参谋学院发表的演讲)

译文: For more than a decade, China has been a strong champion of new security outlook, which has at its very core mutual trust, mutual benefit, equity and coordination.

"互信""互利""平等""协作"是词语排比,所以字面直译是最简单快捷的处理方法。直译一般出现于词语排比中,因为英汉词语存在许多对应词,一般不需要太多的翻译技巧处理。

例 20:最近,中国组建了国家安全委员会,提出了总体国家安全观,即以人民安全为宗旨,以政治安全为根本,以经济安全为基础,以军事、文化、社会安全

为保障,以促进国际安全为依托,走出一条中国特色国家安全道路。(2014年4月15日中共中央总书记习近平的重要讲话)

译文:Recently, China has launched a new National Security Commission and proposed a new holistic approach to national security. This new Chinese approach encompasses many aspects of security, including security of the people, of the political system, the economy, defense, culture, society and international environment.

本句中"为宗旨""为根本""为保障""为依托"并不是在强调它们的地位或作用,而是强调这些内容都包含在"总体国家安全观"中,因此译文进行了一定的整合,更能有效传达原文的语义关系。

例21:于是——洗手的时候,日子从水盆里过去;吃饭的时候,日子从饭碗里过去;默默时,便从凝然的双眼前过去。(朱自清《匆匆》)

译文:Thus the day flows away through the sink when I wash my hands; vanishes in the rice bowl when I have my meal; passes away quietly before the fixed gaze of my eyes when I am lost in reverie.

原文中三个分句都重复了"过去",译文则分别采用"flows away""vanishes""passes away"三个同义词组进行一一对应。这样译文中既构成了和原文相似的、平行的句法结构,又避免了完全的重复。

例22:向促改革要动力,向调结构要助力,向惠民生要潜力,既扩大市场需求,又增加有效供给,努力做到结构调优而不失速。

译 文:We promoted reform to gain impetus for development, made structural adjustments to produce support for development, and improved living standards to increase the potential for development. We both expanded market demand and increased effective supply, working to ensure that structural adjustments were made without compromising the growth rate.

本句中三个"向……要"的翻译分别采用不同句式,避免了重复。另外,为了避免"一逗到底"情况,译文三句一断,保证清晰流畅。当处理排比分句较多的情况时,必须以仔细分析原句、理清各分句间的关系为前提,分别或综合使用不定式、介词短语或者分词结构将原句重组,以体现出原文字里行间的逻辑,也符合英语的"树状结构"。

综上所述,我们可以看出,汉语排比句式在译成英文时,不可以机械地照序直译,而应当首先弄清组成词组或句子之间内在的逻辑关系,按照英语并列句式的组句特点来翻译。翻译要在符合英语句子表达习惯的前提下追求排比句式上的对等。同样,英语排比句式在译成中文时,也要根据目的语的表达习惯灵活处理。

（二）对偶（antithesis）

1. 定义及特点

对偶是有意地把意义相反的字词、短语平行地排列起来,以便表述相反或相对的概念的修辞手段,其作用是深刻地揭示和突出事物间的对立和矛盾,可以使语言简练、声韵和谐。对偶修辞格可以是同一个事物或同一个人的两方面进行对照,也可以是两个事物或两个人进行对照。

在语法结构上,"antithesis"是一个并列结构,即由两个词语、从句或句子平行排列而成。在语义上,平行排列的两部分是互相对立的,也就是说,二者在意义上是相反或相对的。

2. 类型

对偶的类型主要包括两种情况:同一个事物或同一个人的两个方面进行对照、将两个不同的事物或两个不同的人放在一起进行对照。

同一个事物或同一个人的两个方面进行对照,即在描述同一事物或人的句子中用意义相反的词语揭示该事物或人的"两面性",以深刻说明事物的复杂性或矛盾对立。

例 23: We find ourselves rich in goods, but ragged in spirit。

译文:我们发现自己在物质上很富有,但精神上很贫穷。

例 24: Speech is silver; silence is gold.

译文:雄辩是银,沉默是金。

例 25: A friend exaggerates a man's virtues, an enemy his crimes.

译文:朋友宣扬你的美德,敌人宣扬你的罪恶。

例 23 是同一个事物或同一个人的两个方面进行对照。例 24 和例 25 将两个不同的事物或两个不同的人放在一起进行对照,以突出两者之间的对立。

3. 修辞效果

对偶的语言凝练,句式整齐,音韵和谐,富有节奏感和音乐美,使两方面的意思互相补充和映衬，加强语言的感人效果。

许多成语、俗语、谚语都是对偶的结构，如"铜墙铁壁""根深蒂固""水深火热""前不着村，后不着店""要打当面鼓，莫敲背后锣"。诗歌讲究语言形式工整醒目，声音和谐动听，因此常用对偶句。

4. 翻译

对偶的翻译方法或技巧有直译法、省译法、转换法、意译法等。（孙锐，2007）

例 26：顺天者昌，逆天者亡。

译文：Those who follow the Heaven's law will survive; those who go against it will perish.

原文结构对称，意义形成鲜明的对照。在翻译时，直译完美体现了原文的形式、意义和句法关系。定语从句"those who ..."这一结构对应汉语表达法"……者"，英文用分号连接两个单句。

例 27：沉鱼落雁之容，闭月羞花之貌。

译文：Be lovely enough to outshine the moon and put the flowers to shame.

在本例中，前后词语对称，意义重复，后一部分是前一部分的补充或强调。翻译时，虽然舍弃了"沉鱼落雁之容"的形象意义，但实现了英语的简洁表达，利于受众理解。

例 28：天时不如地利，地利不如人和。

译文：Opportunities vouchsafed by Heaven are less important than terrestrial advantages, which in turn are less important than the unity among people.

汉语是直接映射思维的语言，也就是说，汉语按照事理发生先后和因果逻辑的自然顺序组织语言，即使省去关联词也不影响人们的理解。这一特点也体现在对偶句中。翻译时，我们要根据英语思维进行主从句的转换。本例中的"which"引导非限制性定语从句，表明了源语上联和下联的递进关系。

例 29：人无千日好，花无百日红。

译文：Man cannot always be fortunate; flowers do not last forever.

本例中"千日"与"百日"并非实指，二者的语用意义是"总是、长久"，故翻译时选用了"always"和"forever"。"好"和"红"相对，选用"fortunate"和"last"准确地传达了原文意义。这是典型的意译例子。

在翻译对偶句时,我们一定要读透原文的内涵,采取恰当的方法进行翻译。为了保留原文的形式和内容,能直译就直译。不能直译就不要拘泥于原义的形式,完全可以采取灵活的方式,如省略、转换、意译。

（三）层递（climax）

1. 定义及特点

"climax"来源于希腊语"ladder",义为"上升"。层递是一种修辞手法,它通过使用结构相似、内容上递升或递降的语句,表达层层递进的事理。这种修辞手法可以根据事物的逻辑关系,将意思按照大小、多少、高低、轻重、远近等不同程度逐层排列,从而形成递升或递降的层递。

从这个定义可以看出,作为修辞手段的层递,一般具备以下三个特点。

第一,在结构上层递通常由一系列并列的语言成分来构成。

第二,并列的语言成分在数量上不能少于三个。

第三,并列的语言成分之间在意义上有内在的联系且根据事物的逻辑关系按照由小到大、由浅入深、由轻到重、由弱到强依次递升,最后到达高潮或顶点。

例30: Some books are to be tasted, others to be swallowed, and some few to be chewed and digested.　　　　　　　　　　　　　—Bacon: On Studies

译文:书有可浅尝者,有可吞食者,少数则需咀嚼消化。

培根这一名言运用了层递辞格。在结构上,"to be tasted""to be swallowed"和"to be chewed and digested"在句子中是三个并列的短语;这三个短语之间有一定的内在联系,即三个短语都与培根所论述的读书有关,而且由浅入深、层层深入,构成递进。

2. 语法结构

（1）三个以上词语的平行排列

例 31: His acquaintances, his friends and even his family turned against him, the traitor.

译文:他的熟人、他的朋友、他的亲人都反对他这个叛徒。

句中"acquaintances""friends"和"family"三个单词在结构上是并列的,但三个词语存在一定的逻辑关系,即都是他周围的人;但三个词在语义上有区别,具体表现在这些人和他关系的亲密程度由弱到强来排列,因此构成了典型意义上的层递修辞格。

（2）三个以上短语的平行排列

例 32：With this faith we will be able to work together, to pray together, to struggle together, to go to jail together, to stand up for freedom together, knowing that we will be free one day.   —Martin Luther King

译文：有了这个信念,我们将能一起工作,一起祈祷,一起斗争,一起坐牢,一起维护自由,因为我们知道,终有一天我们是会获得自由的。

马丁·路德·金在这个句子里就成功地运用五个意思相关但又逐步深化的不定式短语构成了层递修辞格,表达了演讲者为了维护自由要和听众一起工作、一起祈祷、一起斗争甚至一起坐牢的坚定决心。

（3）三个以上从句的平行排列

例 33：But it has been delayed till I am indifferent, and cannot enjoy it; till I am solitary, and cannot impart it; till I am known, and do not want it. —Samuel Johnson

译文：可惜它来得太晚了,鄙人已无动于衷,无缘享受;鄙人已形单影只,无可与言;鄙人已名满天下,无需尊爱。

三个单句的并列在汉语翻译中得以完美体现。译文采用四字格,既呈现了原文的对称美,又体现了汉语的节奏美。

3. 语义结构

（1）语义上由轻到重

例 34：To acquire wealth is difficult, to preserve it more difficult, but to spend it wisely most difficult.   —E. P. Day

译文：集财难,守财更难,而明智地花钱最难。

在语法上,句子运用了形容词的原级、比较级、最高级,从"difficult"到"more difficult",再到"most difficult",语义上由轻到重,层层递进,揭示了"集财难,守财更难,理财最难"的深刻道理,从而在语义上达到高潮,增强语言的说服力。

（2）程度上由弱到强

例 35：The audience smiled, chuckled, and finally howled with laughter.

译文：听众先是微笑,继而是窃窃而笑,最后捧腹大笑起来。

句中三个谓语动词在语法上平行排列,但听众先是"smile"(微笑),继而是"chuckle"(窃笑),到最后"howl"(捧腹大笑),意思由弱到强,依次递升。

例 36:We honored him, we trusted him, and we loved him.

译文:我们尊敬他,我们信任他,我们热爱他。

句中的三个动词"honor""trust"和"love",无论是在语义上还是在感情色彩上都存在一种渐进关系。

(3)范围上由小到大

例 37:We can see pigeons here, there, everywhere.

译文:这里、那里、到处我们都可以看到鸽子。

句中运用三个副词"here""there"和"everywhere",由近及远依次递进,景物层次鲜明,处处呈现一片祥和、繁荣的景象。

(4)时间上由先到后

例 38:I came, I saw, I conquered.   —Julius Caesar

译文:我来了,我看到了,我征服了。

凯撒大帝说的这句话,在时间上由先到后,在语义上由轻到重,淋漓尽致地刻画出了一个征服者的形象,成功地概括了他自己的功业,表达了他所到之处及所见之地均攻无不克、战无不胜的英勇壮举。

例 39:The prisoner was firstly questioned, then tortured, and finally shot.

译文:囚犯先是被审讯,然后遭到拷打,最后被枪决。

三个层级上的意义按照时间顺序,由先到后"firstly"(首先)、"then"(继而)、"finally"(最后)的顺序排列。对待囚犯的手段也越来越残暴。

4. 翻译

例 40:不闻,不若闻之;闻之,不若见之;见之,不若知之;知之,不若行之。(《荀子·儒效》)

译文:Tell me and I forget. Show me and I remember. Involve me and I understand.

原句的意思是,(在学习中)听说比不听好,见到比听说好,知晓比见到好,实践比知晓好,学习的最终就是实践,实践了,就明白了。翻译时,译文保留了层递的意义,套用了美国教育家苏娜丹·戴克所说的这句名言。

（四）突降（anti-climax）

1. 定义

突降是与层递相反的一种修辞手段，指的是语言表达的内容急转直下，从意义重大之事突然转为琐碎平淡之事，语气从严肃突然转为滑稽可笑，从而获得嘲笑讽刺或滑稽幽默的修辞效果。

突降一般是把重要的事情放在前面，它给读者或是听众带来了较高的期望值，但紧接着出现的却是零碎琐事或微不足道的小事，造成思想内容或观念上的反差，使听众或读者得到一个与预期完全不同的甚至相反的结论，禁不住哑然失笑。

2. 特点

与层递相比较，突降一般具备以下特点。

第一，从结构上而言，突降一般都是三项语言成分的平行排列。

第二，从语义上来讲，层递强调的是意义的一步步上升，突出的是一个像梯子一样渐渐上升的意境，突降虽然被认为是与层递相反的一种修辞格，但其所表达的下降的意义并不像层递中的上升那样一步步渐渐上升的，突降强调的是一种"突然"的转折，给读者或听者呈现一个出其不意的结果。

第三，整体而言，层递的各个层次都是平行地排列在句子里，也就是说每一个层次都可在句中找到。而突降的表达不完全是在某一个句子里，也就是说其中的某一个层次可能在句中找不到，而要到这个句子的上下文中，甚至是更大的语境中才可找到。

句子层面的突降就是在句子中词义按照由重到轻、从强到弱、从高到低突然转变的表达方式，给读者或听众留下一个与预期完全不同甚至相反的结果。

例 41：He lost his empire, his family and his fountain pen.

译文：他失去了帝国，失去了家庭，失去了自来水笔。

突出了自来水笔的重要性：签署法令的一支笔。

3. 翻译

例 42：民为贵，社稷次之，君为轻。（《孟子•告子上》）

译文：The people are the most important element in a state; next are the gods of land and grain; least is the ruler himself.

原文是孟子提出的社会政治思想。人民放在第一位，国家其次，君在最后。

这是因为,有了人民,才需要建立国家;有了国家,才需要有个"君"。翻译的第一要义是正确理解原文,准确把握源语的意义,能直译就直译,不能直译就变通。

（五）重言（hendiadys）

重言,是指同义词语或句子并列连用,以强调语意、加强语势或协调音律的一种修辞手法。

根据并列连用的语言单位的例子,重言分为以下三类。

词的重言指的是同义词并列连用。

例43:技术专家认真细致地检查了火箭发动机的工作状态。

译文:The technical experts carefully examined the working condition of the rocket engine.

本例中,"认真"与"细致"并列连用,组成一个并列短语做句子的状语,是同义词重说。翻译时,避免冗余原则,只保留一个即可。

短语的重言指的是同义短语并列连用。

例44:这些非法开采的小煤矿、小铁矿,每天都在损坏生态、破坏环境。

译文:These illegal small coal mines and iron mines are damaging the environment and ecosystem every day.

本例中,"损坏生态"和"破坏环境"是同义短语。翻译时,"损坏"和"破坏"可以共用一个动词"damage",省译法遵循简洁原则。

句子的重言指的是同义分句并列使用,中间可以停顿,但不能有别的词语。

例45:全社会都来关心义务教育,人人都来关心孩子上学。

译文:The whole society is concerned about compulsory education, and everyone is concerned about their children's schooling.

本例中,原文两个小分句属于同义,强调教育的重要性。翻译时,译文采用直译,保留了两个小分句的意义,起到了突出强调的作用。

例46:社会保障是保障和改善民生、维护社会公平、增进人民福祉的基本制度保障。（《习近平谈治国理政》第四卷,第341页）

译文:Social security is a system for ensuring people's basic needs, improving their wellbeing, and safeguarding social equity. (Xi Jinping: The Governance of China IV, p. 398)

（六）反复（repetition）

反复是为了强调某个意思、突出某种感情,有意重复使用某些词语或句子的修辞格(黎运汉,盛永生,2000:292),具有强调的表达效果。(胡裕树,1981:465)

1. 类型

反复分为连续反复与间隔反复。连续反复指相同的词语或句子紧密联系在一起,中间没有其他词语间隔。在《习近平谈治国理政》中,反复主要有以下形式。(邓中敏,曾剑平,2020)

（1）连续重复:不间断重复词语,增强语势。如"坚持学习、学习、再学习,坚持实践、实践、再实践"。(《习近平谈治国理政》第一卷,第407页)

（2）首语重复:分句首重复和段首重复。

句首重复就是句子开头重复相同的词语,如"老百姓是天,老百姓是地"。(《习近平谈治国理政》第二卷,第53页)

段首重复就是段落的起始重复相同的词句。如在《弘扬伟大长征精神,走好今天的长征路》一文中,该标题作为段首的起始句重复了七次,突显了该主题思想。(《习近平谈治国理政》第二卷,第47-57页)

（3）尾语重复:在一个句子结尾重复相同词语,如"实践发展永无止境,解放思想永无止境,改革开放也永无止境"。(《习近平谈治国理政》第一卷,第71页)

（4）首尾连接重复:在后一句的开始重复前一句结尾的词或短语,形成结构整齐、意思紧扣的顶真辞格,如"变中求新、新中求进、进中求突破""做到干中学、学中干,学以致用、用以促学、学用相长"。(《习近平谈治国理政》第一卷,第406页)

（5）首尾语重复:句子开头和结尾的词语相同,形成回环辞格,使语句整齐匀称,语意精辟警策,如"理想因其远大而为理想,信念因其执着而为信念""历史是过去的现实,现实是未来的历史"。(《习近平谈治国理政》第一卷,第67页)

（6）解释性重复：对引用的古文，用现代白话文解释，解释话语与古文意思相同。如"党只有始终与人民心连心、同呼吸、共命运，始终依靠人民推动历史前进，才能做到哪怕'黑云压城城欲摧'，'我自岿然不动'，安如泰山、坚如磐石"。（《习近平谈治国理政》第一卷，第 368 页）

2. 翻译

例 47：山谷回首，他刚离去，他刚离去。

译文：Looking back at the valley, he has just left.

英文注重简洁，翻译时，相同的部分省略，失去了汉语的强调意义。

例 48：祖国的语言，如繁星那样灿烂；祖国的语言，如珍珠那样晶莹；祖国的语言，是镌刻在心中永不磨灭的丰碑。

译文：The language of the motherland, as bright as the stars, as crystal as the pearls, is an indelible monument engraved in the heart.

原文是三个主谓小分句。翻译成英文一个主谓句，前两个汉语分句转化为两个形容词短语，修饰主语，既简化了句子结构，又突出了最后一个分句在原文中的分量。

四、结语

修辞是语言的艺术。英汉语言修辞手段不仅体现出两种语言文字的区别，同时展现出不同文化背景下的语言在审美内涵方面的取向。由于英汉两种语言的人民有着不同的民族历史、社会文化、自然环境和风俗习惯，这两种语言在修辞上的使用存在着差异。并列类修辞格的使用也不例外。因此，我们在进行并列类修辞翻译时，十分有必要进行英汉对比。在认真考虑源语的修辞效果基础上，采用直译法、意译法、省译法、变译法等解决翻译中这一棘手的问题，尽量达到译语与源语同等的语用效果。

第十章 ≫

英汉假并列结构与翻译

通常情况下,并列结构的并列体在句法上是并列的,在语义或功能上是平等的。然而,现实生活中,由于语境、表达习惯、修辞需要等多种因素的影响,有时会出现看似并列但实际上并不语义关联的结构,这就是假并列结构。英汉语言皆存在假并列现象。

英汉假并列结构在表层结构上的标识不同。英语以"and"连接,汉语用逗号连接。尽管连接方式不同,但它们都表达各式各样的逻辑关系,如因果关系、目的关系、让步关系。

一、英语假并列结构及其翻译

Chomsky 在《句法结构》中提出了并列结构生成的两个基本限制条件:并列的每个项目都必须是一个成分;所有并列的成分都必须是同一种类型。事实上,满足以上两个基本限制条件的结构不一定是真并列结构,也就是说,形式上的并列结构在语义上不一定是并列体意义的总和。

英语假并列结构以"and"连接为主,并列体之间的逻辑关系不尽相同。翻译时,需要根据语义进行相应的调整。英语假并列结构,经常出现在口语或非正式用语中,共有七种从属关系。(郭隆生,1991)

第一种是用来指示对象、目标等。

例 1:You must try and finish the work.

译文:你必须来完成任务。

本例中,"try and finish"是假并列结构,第二个动词"finish"是"try"行为的目标。两个动词形式上并列,意义上等同于不定式"try to finish"。

第二种是表示目的。常见的搭配是"come(go, stay, stop, hurry up, run)+ and + verb"。第二个动词是第一个动词的目的。

例 2:I will go and see.

译文:我去看看。

本例中,第二个动词"see"是第一个动词"go"的目的。

第三种是伴随状态。经常出现的形式是"sit(stand, lie)+ and + verb"。在这种结构中,第二个动词是第一个动词的伴随行为,并非并列体。

例 3:They stood and discussed the plan.

译文:他们站着讨论方案。

本例的意思等同于"They stood when they were discussing the plan"。

第四种是指示结果。

例 4:Can you touch pitch and not be defiled?

译文:你能近墨而不黑吗?

原句的意思等同于"Can you touch pitch without being defiled"。"not be defiled"实际上是结果状语"without being defiled"。

第五种是指示程度。常见的搭配是"nice(good, fine, lovely, rare, bright)+ and + adj/adv"。第一个形容词是第二个形容词/副词的修饰语。

例 5:The house is nice and warm.

译文:这个房子很温暖。

本例中,"nice"已失去原有的意义,是个强化词。

第六种是表达条件。

例 6:Give him an inch and he will take an ell.

译文:得寸进尺。

原句的意思等同于"He will take an ell if you give him an inch"。

第七种是指示让步关系。

例 7:I cannot keep these plants alive and I have watered them well too.

译文:虽然我一直细心地浇水,可是这些花还是没活。

事实上,英语假并列结构存在的逻辑关系主要包括因果、条件、目的、让步、对照、评价、顺序、递进、选择、强调和分类等。

（一）因果关系

表因果关系的假并列结构,其连词"and"相当于"so""as a result"等,翻译时"and"要译成"因此""因而"等同义词。

例 8：John believes this is an example of ageism, and it makes him angry.

译文：约翰认为这是歧视老年人的一个实例,因此非常生气。

（二）条件关系

表条件关系的假并列结构,往往第一个从句是祈使句,第二个从句含有"will"或"shall",这种情况下,"and"翻译为"就"。

例 9：Just tell a robot what to do, and it will understand the message.

译文：只要告诉机器人做什么,它就会听懂指令。

（三）目的关系

当遇见表目的关系的假并列结构时,"and"可以不翻译。

例 10：That night, when he is supposed to sleep, John leaves and joins Henry.

译文：那天晚上,约翰本应该睡觉,他离开家去见亨利。

（四）让步关系

"and"连接的假并列结构可以表达让步关系,这时候,"and"翻译为"尽管"或"虽然"等同义词。

例 11：They (white-footed) species remained very inactive and the light and temperature had been raised to a degree that best suits their behavior.

译文：尽管我们已将光亮度和温度提到了最适宜于那些白足动物活动的程度,它们仍然行动呆滞。（吴阳,2003）

（五）对照关系

表示对照关系的假并列结构中的"and"相当于"while"或"but",翻译时可译成中文的"可(是)""却""而"等同义词。

例 12：John is introverted and Henry is extroverted.

译文：约翰内向,亨利却外向。

（六）评价关系

在表评价关系的假并列结构中,第一个从句往往陈述事实,第二个从句表示评价或解释。翻译时，"and"可以忽略，原句往往拆译为两个单句。

例13：His father does not often praise him, and it shows.

译义：他父亲并不经常表扬他。这一点可以看得出来。

（七）顺序关系

表顺序关系的假并列结构，"and"一般连接一系列的动作。翻译时，根据语境，可以译成"然后""接着""再"等同义词。

例14：Every night after work, I turn off the light, close the door and leave the department.

译文：每晚下班后，我关上灯、锁上门，接着离开办公楼。

（八）同位关系

在一些特定场合下，"and"可以是同位关系的一个提示词。翻译时，可以译成"（亦）即""也（就）是"等同义词。

例15：The third and last person is my mother.

译文：第三个，也是最后一个人，就是我妈妈。

（九）递进关系

在一些假并列结构中，"and"连接的第二个成分表示递进关系。翻译时，可译成"并（且）""甚至""何况"等同义词。

例16：He reached the finishing line and won the competition.

译文：他到达了终点线并赢得了比赛。

（十）选择关系

"and"连接的假并列结构表示选择关系，意思是两个事物、两个动作、两个状态或两个属性等不可能同时共现。翻译时，可译成"或（者）""要么"等同义词。

例17：Operation kept him in and out of bed most of the week.

译文：由于手术，他在那一周的大部分时间要么卧床，要么起来活动活动。

（十一）强调关系

在"nice and""good and""lovely and"后接形容词的结构中，"and"前的形容词在表面上是个形容词，事实上是个强化词。这样的搭配翻译成中文时，可译成"很""非常"等同义词。

例 18：This room is nice and cozy.

译文：这个房间非常舒适。

（十二）分类关系

有时候，"and"连接两个相同的名词，这种情况下，这个假并列结构表示同类事物的不同类型。翻译时，可译成"好坏之分""良莠之分""各种各样的"等同义词。

例 19：There are books and books.

译文：书有好坏之分。

二、汉语假并列结构及其翻译

跟英语假并列结构类似，汉语假并列结构也经常出现在不同的文体中。表层的并列并不代表语义的并列。张艳（2014），杨萌萌、胡建华（2018）以及杨勇（2021）等都讨论过汉语并列结构的假并列性特征。汉语假并列性结构中的连词不仅仅限于"和"或者"同"，但大多限于"和""跟""同""与"四个连词。（杨勇，2022）翻译时，需要根据语义进行相应的调整。

汉语假并列结构存在的逻辑关系主要包括因果、目的、伴随状态、结果、方式、让步、比较和同位等。

（一）因果关系

两个并列体之间在语义上存在因果关系。英语是形合语言，翻译时，灵活添加表因果关系的连词"because""so"等同义词。

例 20：他被认定为酒驾，关押在拘留所。

译文：Because he was convicted of drunk driving, he was held in detention center.

（二）目的关系

形式上的并列可能表示目的关系。翻译时，根据英语的表达习惯，灵活添加连词。

例 21：召集国防会议，决定战略方针，统一战斗意志。（《毛泽东选集》第二卷，第 346 页）

译文: Call a national defence conference to decide on strategy and to achieve unity of purpose in military operations.

（三）伴随状态

例22: 党八股的第三条罪状是: 无的放矢, 不看对象。（《毛泽东选集》第三卷, 第836页）

译文: The third indictment against stereotyped Party Writing is that it shoots at random, without considering the audience.

"without considering the audience" 是伴随状语, 是对前面的解释。

（四）结果关系

例23: 舞蹈能使人们沟通, 感情融通。

译文: Dance opens channels from heart to heart so that feelings can flow reciprocally.

"feelings can flow reciprocally" 是 "Dance opens channels from heart to heart" 的结果。

（五）方式关系

例24: 联合国维和行动应当严格遵守《联合国宪章》, 不得干涉别国内政, 不能成为冲突一方。

译文: The UN peace-keeping forces, should, in strict observance of the UN Charter, not interfere in the internal affairs of the receiving country or become a party to the conflict. （吴阳, 2003）

（六）让步关系

例25: 我们的革命和建设, 成绩是主要的, 缺点错误也有。（《毛泽东选集》第五卷, 第339页）

译文: In our revolution and construction, the achievements are primary, though there are shortcomings and mistakes.

（七）比较关系

例26: 她付出许多, 也得到许多。

译文: She gets as much as she gives.

（八）同位关系或解释关系

例 27：然而，有一天我们意识到了某种忽略，某种不公平……

译文：However, some ignored details of the story may come back to us, suggesting possible unfairness …

（九）相互关系

例 28：张三和李四在公园相遇了。

译文：Zhang San and Li Si met in the park.

本句是假并列结构，两个并列体互换句法位置，不影响语义表达。事实上，原句中的"和"是个介词，更加地道的英文是"Zhang San met Li Si in the park"。

三、结语

英汉假并列结构非常普遍，有时辨别真假并列结构确实存在一定的障碍。翻译时，我们需要透过表面的句法形式看底层的语义内容，根据目的语的表达习惯，正确地将原文信息转换。首先，需要仔细分析原文，识别出哪些元素或成分在表面上看似并列，但实际上并不完全如此。注意观察连接词，如"and""but""or"的使用，以及元素或成分之间的逻辑关系。其次，确定假并列结构中各元素或成分之间的真正逻辑关系。然后，根据分析出的逻辑关系，调整译文的句子结构。可能需要将某些元素或成分从并列结构中分离出来，或者改变它们的语序，以更准确地表达原文的意思。最后，确保译文在调整结构后仍然保持语义的连贯性和流畅性，检查译文是否准确传达了原文的信息和意图。涉及的翻译方法和技巧包括但不限于变译（重组结构、调整语序等）、增译（添加连接词或解释性词语）、分译（拆分为子句）等。

实践篇

第十一章 >>

《习近平谈治国理政》语言风格

党的十八大以来，以习近平同志为核心的党中央高度重视文化强国建设。"文化是一个国家、一个民族的灵魂。文化兴国运兴，文化强民族强。"在党的十九大报告中，习近平总书记强调，没有高度的文化自信，没有文化的繁荣兴盛，就没有中华民族伟大复兴。从古时的郑和下西洋、鉴真东渡、张骞出使西域到今天的"一带一路"、更高水平的对外开放，无一不彰显着中国文化的开放性、包容性。中国文化从悠久历史中继承而来，更是在与世界文化交流互鉴中发展而来。要想继续提高自身的综合国力，就要继续加强文化输出，讲好中国故事，提升文化软实力。在党的二十大报告中，习近平总书记指出，我们必须增强中华文明传播力和影响力。增强中华文明传播力和影响力的关键在于加强国际传播能力建设、促进文明交流互鉴，以及通过系统性思维观念和人类命运共同体理念，全面提升国际传播效能。《习近平谈治国理政》是体现中华文化的范本，其外文版本能推动中国更好地走向世界，让世界更好地了解中国。

一、产生背景

党的十八大以来，以习近平同志为核心的党中央，带领全党全国各族人民积极应对前进道路上的困难和挑战，坚定不移深化改革开放，大力推进国家治理体系和治理能力现代化建设，凝聚起实现中华民族伟大复兴中国梦的强大力量，开启了中国改革开放和现代化建设的新征程。在中国共产党领导下，中国人民正在奋力开拓中国特色社会主义更为广阔的发展前景。国际社会越来越多地把目光投向中国、聚焦中国。当代中国将发生什么变化，发展的中国将给世界带来什么影响,越来越成为国际社会广泛关注的问题。

习近平总书记围绕治国理政发表了大量重要讲话,提出了许多新思想、新观点、新论断,深刻回答了新的历史条件下党和国家发展的重大理论和现实问题,集中展示了党的新一届中央领导集体的治国理念和执政方略。为回应国际社会关切,增进国际社会对中国发展理念、发展道路、内外政策的认识和理解,中国国务院新闻办公室会同中共中央文献研究室、中国外文出版发行事业局编辑了《习近平谈治国理政》一书。

《习近平谈治国理政》第一卷收入了习近平总书记在党的十八大闭幕后至 2014 年 6 月 13 日期间的重要著作,共有讲话、谈话、演讲、答问、批示、贺信等 79 篇,分为 18 个专题。

《习近平谈治国理政》第二卷收入了习近平总书记在 2014 年 8 月 18 日至 2017 年 9 月 29 日期间的讲话、谈话、演讲、批示、贺电等 99 篇,分为 17 个专题。

《习近平谈治国理政》第三卷收入了习近平总书记在 2017 年 10 月 18 日至 2020 年 1 月 13 日期间的报告、讲话、谈话、演讲、批示、指示、贺信等 92 篇,分为 19 个专题。

《习近平谈治国理政》第四卷收入了习近平总书记在 2020 年 2 月 3 日至 2022 年 5 月 10 日期间的讲话、谈话、演讲、致辞、指示、贺信 109 篇,共有 21 个专题。

《习近平谈治国理政》一直被视为世界读懂中国的"思想之窗",其多语种译本是外国读者读懂中国的重要渠道,因此备受海内外各领域高层次读者青睐,是沟通中国与世界的文化桥梁。

二、总体特征

党的二十大报告 58 次提到"文化",并多次强调"讲好中国故事,传播好中国声音"。作为中国故事的主讲人,习近平总书记所引用的俗语、典故等,既有强大的思想说服力,又有强烈的文化感染力。(胡丹,张春波,张雨梅,2024)习近平总书记在传播治国理政思想时所发表的许多重要论述,呈现出丰富的话语内容和生动的表达形式,二者复合构成了总书记的语言艺术特征。这一语言艺术逐渐走进大众视野,自然引起了广大学者的关注,特别是十八大以来,学术界对习近平总书记语言艺术、话语风格、语言力量展开了多维度、深层次的研究和讨论,产生了诸多代表性观点和成果。例如,研究习近平总书记的语言力量出版的系列著作主要有:《平易近人——习近平的语言力量》(陈锡喜,2014)、《平易近人——习近平的语言力量(军事卷)》(刘志辉,2017)、《平易近人——习近平的语言力量(外交卷)》(苏格,2018)。还有针对习近平总书记用语习惯、用语内容出版的"习近平用典"系列的经典著作,如人民日报评论部推出的《习近平用典(第一辑)》(2018)、《习近平用典(第二辑)》(2018)、《习近平用典(第三辑)》(2020)、《习近平用典(第四辑)》(2020),还有"习近平讲故事"系列的经典著作,如《习近平讲故事》(2017)、《习近平讲故事(第二辑)》(2022)、《习近平讲党史故事》(2021)。中共中央宣传部、中央广播电视总台推出的《平"语"近人:习近平总书记用典》(2018)、《平"语"近人:习近平喜欢的典故》(2021)等等。

习近平总书记的系列重要讲话涉及政治、经济、文化、社会、生态、外交等各个领域,讲话形成了其独特的富有个性的语言风格,充满了语言魅力。最突出的体现就是旁征博引,广泛引用大量的经典表达寓意深刻的道理。这些讲话不仅让大家爱听、爱读、爱看,而且还让大家感觉耐听、耐读、耐看,海外媒体称之为"习式风格"。只有解读习近平总书记用典,才能深刻领会其中的内涵要义。习近平总书记引经据典,给人们以深刻的思想启迪和巨大的精神鼓舞,彰显了大国领袖持经达变的大视野、大气魄、大胸怀,也折射出习近平总书记对于治国理政的深邃思考和宏大韬略。

三、具体体现

习近平总书记在讲话过程中用语手法多样、用语内容丰富,形成了"言之有'物'、言之有'典'、言之有'理'、言之有'趣'、言之有'情'的表现形式,彰显了极具哲理性、人民性、朴实性、艺术性、民族性和全球性的大众化语言特色"。(王硕,肖芳,2023)习近平总书记语言艺术的具体体现可以从用语力度、用语习惯和用语领域这三方面进行阐释。(王硕,肖芳,2023)

言为心声,语言是思想、情感、意识、认知的载体,在表达过程中,具有一定的弹性和韧性。习近平总书记的语言艺术在用语力度上既有"温度",又有"硬度",是刚性表达与柔性表达的统一体。在一些特殊场合,习近平总书记以强有力的话语回击、批判各种错误思潮和极端论调,这是刚性的表现。在一些特殊场合,总书记以讲故事、叙家常的方式阐释深刻的道理,这是柔性的表现。习近平总书记的讲话是刚柔并济、张弛有度。(王硕,肖芳,2023)

在用语习惯方面,可以归纳为"四个擅于":擅于引经据典、擅于讲故事、擅于用修辞、擅于讲俗文俚语。习近平总书记在处理国内政务或国际事务时引用典籍阐释大道理。习近平总书记擅长讲述中国的故事、对象国的故事,运用生活化的语言,展现家国情怀,拉近中国与对象国的距离。修辞格也是语言艺术的重要手段。习近平总书记使用的修辞手段主要包括比喻、排比、对仗、对比、设问等。习近平总书记在讲话过程中大量地使用俗文俚语,所以其讲话能够被人民群众乐意接受、广泛流传。因为俗文俚语是源于人民群众的生活话语、通俗话语,不仅为人们所熟知,而且蕴含着深刻道理。这也是拉近与人民群众心灵距离的重要话语资源。(王硕,肖芳,2023)

总之,习近平总书记话语的吸引力、感染力可以概括为以下六个方面:哲理性、人民性、朴实性、生动性、民族性和全球性。(郝连儒,2017)习近平总书记多次、多处引经据典,生动传神、寓意深邃,富有哲理性。习近平总书记以"平易近人"的话语技巧将伟大思想融入人民群众之中,彰显了其语言艺术的人民性。习近平总书记在讲话中经常使用很简单、很质朴的大白话、大实话和大众话来阐释真理,极具朴实性和生活气息。各种修辞手法娴熟运用,展现了习近平总书记语言艺术的生动性。习近平总书记引用古代圣贤至理名言,这是家国情怀的体现,也是民族性的体现。此外,习近平总书记在处理国际问题时总是心系全天下、胸怀全人类,这是全球性的体现。

四、结语

《习近平谈治国理政》是习近平新时代中国特色社会主义思想的重要载体,凝聚了中国实践的理论结晶、中国之治的经验秘籍以及民族复兴的根本指南。《习近平谈治国理政》是中国话语体系的基本逻辑的典范,也是中国故事的叙述框架的示范,其外文版本是中国话语体系的集中体现和融通中外的译文范本。《习近平谈治国理政》的话语言之有理、言之有力、言之有彩,是掌握习言习语习思想的权威读本,也是学习习近平新时代中国特色社会主义思想的权威读本。学习《习近平谈治国理政》及其英译本,能帮助英语类专业的师生掌握中外权威翻译专家团队的集体智慧,从而汲取翻译技巧、领会话语策略、提高英语应用能力和跨文化沟通能力,为用英语讲好中国故事、助力中国文化走出去增砖添瓦。

第十二章 »

《习近平谈治国理政》并列熟语翻译

　　《习近平谈治国理政》完美展现了独具特色的"习"式语言风格。习近平总书记的语言通俗易懂、别致新颖,庄重典雅而不失朴实自然,这种语言风格体现在其讲话过程中对熟语的一系列灵活运用上。(姜琼,2022)在翻译中再现这些熟语的内涵需要讲究一定的策略。

一、熟语的定义

　　百度百科认为,熟语指常用的固定短语,具有一定的隐喻意义,并且常常用于修辞和表达特定的情感或观点,如"乱七八糟""不管三七二十一""死马当作活马医"。熟语用词固定、语义结合紧密、语音和谐,是语言中独立运用的词汇单位,它包括成语、谚语、歇后语和惯用语。熟语一般具有两个特点:结构上的稳定性、意义上的整体性。

二、熟语的分类

　　不同的学者对熟语的范畴有不同的界定。本章在对熟语进行分类的过程中参考了孙维张《汉语熟语学》一书的分类标准。孙维张先生将熟语分为成语、惯用语、谚语、格言、歇后语五类,具有科学性,符合人们对"熟语"这一概念的传统理解与认识。《习近平谈治国理政》中谚语、格言、歇后语由于其结构和语义的特殊性,所以并列使用的情况微乎其微,故不在本章研究范畴之列。

（一）并列成语

成语以其结构的凝练、意义的丰富以及韵律的和谐而被人们广泛运用于日常的语言生活中。《习近平谈治国理政》所运用的成语十分丰富。

1. 成语的定义

成语是最重要的一类熟语单位，也是政论文当中最常用的熟语单位。成语，对应的英文单词是"idiom"，是汉语词汇中定型的词。成语，众人皆说，成之于语，故成语。成语多为四字，亦有三字、五字甚至七字以上。

成语是中国传统文化的一大特色，有固定的结构形式和固定的说法，表示一定的意义，在语句中是作为一个整体来应用的，承担主语、宾语、定语等成分。成语有很大一部分是从古代相承沿用下来的，它代表了一个故事或者典故。有些成语本身就是一个微型的句子。

2. 成语的语法结构

成语的结构是多种多样的，主要包括以下几种类型。

主谓式成语：名副其实、愚公移山、万象更新；

并列式成语：天翻地覆、知己知彼、勇往直前、千山万水；

动补式成语：逍遥法外、青出于蓝、爱不释手、重于泰山；

偏正式成语：倾盆大雨、窈窕淑女（中间可加"的"字）；

承接式成语：见异思迁、先斩后奏；

因果式成语：水滴石穿、水落石出。

在《习近平谈治国理政》第三卷中成语合计出现 1 093 次（包含成语的临时变体），扣除重复的成语后有 475 个成语，这些成语或用来概括方针政策，或用来概括现象态势，或用来激励赞扬，或用来针砭时弊，生动鲜明、言简意赅。（姜琼，2022）

3. 成语的特征

成语具有以下基本特征。

结构固定性：成语的构成成分和结构形式都是固定的，一般不能随意更变或增减语素。

例如"唇亡齿寒"，不能改为"唇亡牙冷""唇亡牙寒""唇无牙冷"；"胸无点墨"，也不能增加成"胸中无有一点墨"。

此外，成语里的语序也有固定性，不能随意更改。

例如"来龙去脉"不能改为"去脉来龙";"汗马功劳"不能改为"功劳汗马"。

意义整体性:成语在意义上具有整体性。它的意义往往不是其构成成分意义的简单相加,而是在其构成成分的意义基础上进一步概括出来的整体意义。如"狐假虎威",表面意义是"狐狸假借老虎的威势",实际含义是"倚仗别人的权势去欺压人";"兔死狗烹",表面意义是"兔子死了,猎狗就被人烹食",实际含义是"给统治者效劳的人事成后被抛弃或杀掉";"废寝忘食",表面意义是"不顾睡觉,忘记吃饭",实际含义是"极为专心努力"。

语法的多样性:从汉语语法的角度来看,汉语成语在句子里相当于一个短语,因为短语在一个句子中能充当不同的成分,所以成语的语法功能也具有多样性。

汉语成语形式多样,如上文所说的有四字成语、五字成语、六字成语、七字成语、八字成语,其中四字成语是汉语成语的主要形式。

典雅型风格:成语通常来自古代文献或俗语中,其语体风格庄重、典雅。

4. 并列成语的运用方式

习近平总书记不仅掌握了大量的成语,而且还能恰当地运用。他对成语的运用不矫揉造作,极具个人特色。并列成语即成语连续使用,通常情况下,中间不能出现"顿号""逗号"之外的其他语言单位。语义关系分为互补型、近(反)义型、粘合型、目的型、递进型、因果型和连贯型。(姜琼,2022)

例1:新时代中国青年要增强学习紧迫感,如饥似渴、孜孜不倦学习。(第三卷,第336页)

"如饥似渴"和"孜孜不倦"是并列成语,属于互补型。前者表示新时代中国青年学习要求非常迫切,后者表示新时代中国青年学习不知疲倦。这两条成语从不同方面表明了对待学习的态度,习近平总书记将这两条成语连用,表达了他对新时代中国青年爱学、勤学的热切期盼。成语连用,使语义表达更为准确、细致、全面。

例2:杀鸡取卵、竭泽而渔的发展方式走到了尽头,顺应自然、保护生态的绿色发展昭示着未来。(第三卷,第374页)

"杀鸡取卵"和"竭泽而渔"是并列成语,属于同义型。前者指为了取鸡蛋而把鸡给杀了,后者指为了捉鱼而把水池里的水排干。这两条成语的比喻义相同,都表示为了眼前的利益而不顾长远的利益。

例3:从善如登,从恶如崩。(第一卷,第53页)

此句出自《国语·周语下》,意思是学好像登山一样,学坏像山崩一样,比喻学好难,学坏容易。这两个成语并列,属于反义型。引用该句,旨在号召年轻人要始终保持积极的人生态度、良好的道德品质和健康的生活情趣。

近义或反义成语连用,一方面可以增强语势,另一方面可以使表达更为生动。

例4:让共建"一带一路"成果更好惠及全体人民,为当地经济社会发展作出实实在在的贡献,同时确保商业和财政上的可持续性,做到善始善终、善作善成。(第三卷,第491页)

"善始善终"和"善作善成"同出自《史记》,原文是"善作者不必善成,善始者不必善终"。习近平总书记将这两条成语连用在一起,表达了对经济发展的期望与信心。这两条成语出自同一段古文,经常被放在一起使用,属于粘合型并列成语。

例5:生态文明建设关乎人类未来……,任何一国都无法置身事外、独善其身。(第三卷,第364页)

"置身事外"和"独善其身"是并列成语,属于目的型。前者是把自己放在事情之外,后者是只修养好自身。"置身事外"的目的是"独善其身"。

例6:推动当代中国马克思主义、21世纪马克思主义深入人心、落地生根。(第三卷,第312页)

"深入人心"和"落地生根"是并列成语,属于递进型。前者是指马克思主义理论为人们深切信服,后者是指马克思主义理论在中华大地上扎根,被人们长期坚守。信服在先,坚守在后,语义上更深入了一层。

例7:没有优秀作品,其他事情搞得再热闹、再花哨,那也只是表面文章、过眼烟云。(第三卷,第324页)

"表面文章"和"过眼烟云"是并列成语,属于因果型。前者形容做法敷衍,后者比喻事物很快就消失,因为是"表面文章",所以成了"过眼烟云"。后者是表达的重点。

例8:我衷心希望,参会参展的各国朋友都能广结良缘、满载而归!(第三卷,第200页)

"广结良缘"和"满载而归"是并列成语,属于连贯型。前者是希望各国朋友可以在参会过程中结交到新朋友,达成合作关系,以实现共赢,后者是希望各国朋友都可以在参会过程中有所收获,最终带着收获归国,可以看出"广结良缘"发生在前,"满载而归"发生在后。

习近平总书记的讲话除了成语连用现象外,还存在成语对用现象。成语对用可以强化语义,增强表达效果。在对用的情况下,两个成语的语义既相互对照,又相互补充,使思想表达更为完整。

例9:广大青年要坚定理想信念,志存高远,脚踏实地,勇做时代的弄潮儿。(第三卷,第49页)

"志存高远"和"脚踏实地"对用,前者的意思是追求远大的理想,强调抬头看;后者的意思是做事踏实、认真,强调低头走。虽然两个成语强调的侧重点不同,但是都含褒义。它们辩证地指出广大青年人应遵循正确的价值观,一方面要有远大理想,一方面从身边点滴小事做起。这两个成语对用既相互对照,又相互补充。

(二)并列惯用语

惯用语和成语一样,是一种比词大比句子小的造句单位,运用在句子中又相当一个词的作用。不同语言的惯用语蕴含着各自民族深厚的文化内涵和价值观念,常见于口语中,使用自然、简明、生动、有趣。

1. 惯用语的定义

百度百科认为,惯用语是一种习用的固定的词组,既有三音节为主的固定格式,又有比较灵活的结构和强烈的修辞色彩。它通过比喻等方法而获得修辞转义。我们在使用惯用语时,应该注意辨析它的意义,弄清它的感情色彩。"磨洋工"和"泡蘑菇"意思很相近,一个指工作时拖延时间,懒散拖沓;一个指故意纠缠而拖延时间。

2. 惯用语的特征

惯用语是一种固定的词组,多在口语中运用,用起来自然、简明、生动、有趣。因其比较短小,易为人们熟知,具有大众化的特征。惯用语是人民群众在长期的劳动生活中口头创造出来的,表意精练准确。惯用语活泼生动,常用来比喻一种事物或行为,相当于一个词或词组,它的意义往往不能简单地从字面上去推断。惯用语虽然是一种较固定的词组,但定型性比成语要差些。惯用语含义单纯,口语色彩浓厚。

3. 惯用语的来源

来源于制度、习俗的惯用语:比如"打官腔",原指旧时官场中讲门面话,现指利用规章、手续来推托、责备别人。

来源于宗教、迷信的惯用语:比如"老(旧)皇历",原指旧的历书,现多指陈旧与过时。

来源于历史事件的惯用语:比如"借东风",借《三国演义》中的故事打比方,常指利用某种良好时机。

来源于传说、故事的惯用语:比如"念紧箍咒",源于神话小说《西游记》,现用来比喻对人们的限制和约束。

4. 并列惯用语的运用方式

习近平总书记的语言风格"接地气"的重要原因,在于其对惯用语的广泛运用,惯用语最突出的特征是其口语性、通俗性,在政论文当中恰当使用惯用语可以有效增强语言的生动性与趣味性,从而达到吸引读者的目的。第三卷惯用语合计出现了 213 次,扣除重复的惯用语后有 108 个惯用语。(姜琼,2022)

并列惯用语就是在一段话中连续使用两个或两个以上的惯用语,这是惯用语一种比较常见的运用方式。《习近平谈治国理政》的并列惯用语可以分为三类:同一结构的惯用语连用、不同结构的惯用语连用和同一惯用语连用。(姜琼,2022)

同一结构的惯用语连用包括原型惯用语连用和变型惯用语连用。前者是指连用的惯用语不仅结构相同,而且都没有发生变型。后者是指连用的惯用语结构相同,且都产生了变型,形成变型惯用语。变型的方式多是在其中插入副词,加深语义,或者是增添其他成分,使惯用语的表达更符合语境的需要。

例 10:要有足够的历史耐心,把可能出现的各种问题想在前面,切忌贪大求快、刮风搞运动,防止走弯路、翻烧饼。(第三卷,第 261 页)

本例中,"走弯路"和"翻烧饼"是动宾结构,且都保持了原型。"走弯路"比喻因某种原因导致做事多费了冤枉功夫,"翻烧饼"比喻做事反复折腾,最终什么也干不成,二者都含有做事没有效率的意思,连用起来形象地告诫党员干部要有规划地进行乡村建设,防止"走弯路";其次,要朝着既定目标实施工作,防止"翻烧饼"。同一结构的惯用语并列往往语义上是互相补充的,能够从不同角度来说明问题,从而使语义表达更为完善。

例11:有强大祖国做依靠,台湾同胞的民生福祉会更好,发展空间会更大,在国际上腰杆会更硬、底气会更足,更加安全、更有尊严。(第三卷,第408页)

本例连用了两个主谓结构的惯用语"腰杆硬""底气足",且都是在主谓之间增加助动词"会"以及副词"更",增强了语势,特别是"更"还与前面的"空间会更大"以及后面"更加安全、更有尊严"中的"更"相呼应,六个"更"连用,语势贯通,强调了国家致力于为两岸人民谋福利的信心与决心。

在《习近平谈治国理政》中,有时我们发现连用的惯用语结构相同,但是一个保持了原型,一个进行了变型,这属于同一结构的原型惯用语与变型惯用语混合连用。这种连用方式产生的原因与惯用语的灵活度以及人们的语言习惯有一定的关系。

例12:严格遵守和执行制度。制度的生命力在于执行。有的人千方百计钻制度空子、打擦边球。(第三卷,第128页)

本例连用了两个动宾结构的惯用语"钻空子""打擦边球",在具体运用过程中,习近平总书记对"钻空子"进行了扩展,在动宾之间插入了名词"制度"做定语修饰宾语"空子",而对另一个惯用语"打擦边球"并没有进行变型。可见,习近平总书记对惯用语的变型与人们的语言习惯以及惯用语本身的灵活度相适应。

不同结构的惯用语连用是指连用的两个或者多个惯用语的语法结构是不同的,这一类型连用的惯用语语义上往往是相同的,连用起来,起到互相解释说明的作用。从实际运用情况来看,不同结构的惯用语连用又可以分为以下两类:原型惯用语连用、原型惯用语与变型惯用语混合连用。(姜琼,2022)

不同结构的原型惯用语连用是指连用的惯用语都是原型,但是结构并不相同。

例13:全党同志一定要永远与人民同呼吸、共命运、心连心,永远把人民对美好生活的向往作为奋斗目标。(第三卷,第1页)

本例连用了三个惯用语"同呼吸""共命运""心连心",其中"同呼吸""共命运"是双语节型并列式惯用语,结构类型一致,而"心连心"是单语节型主谓式惯用语,结构并不相同,但是这两类惯用语意义相同,且经常放在一起使用,用于告诫党员干部要同人民群众建立密切的联系。

不同结构的原型惯用语与变型惯用语混合连用是指连用的惯用语不仅结构不相同,而且一个进行了变型,一个没有变型,变型一般是为了与另外一个惯用语保持语义上的一致性。

例 14:从要求看,全面建成小康社会要得到人民认可、经得起历史检验,必须做到实打实、不掺任何水分。(第三卷,第 147 页)

本例连用了两个惯用语"实打实""掺水分",其中"实打实"是主谓结构,"掺水分"是动宾结构。为了使这两个连用的惯用语保持语义上的一致,习近平总书记在"掺水分"的前面加上了副词"不"来表否定,另外,为了加深语义又在动宾之间插入了指示代词"任何"。

在一般情况下,并列惯用语可以增强语言的节奏感和表现力,使表达更加生动有力。

例 15:要实事求是,有一是一、有二是二,既报喜又报忧,特别要力戒形式主义、官僚主义。(第三卷,第 500 页)

本例中,"有一是一、有二是二"与"既报喜又报忧"并列使用,后者是"报喜不报忧"的变型。这两个惯用语自身也属于并列结构。

三、熟语的翻译

(一)并列成语的翻译

1. 释义法

释义法是以忠实通顺地表达原成语的思想、内容、意义为目的,采用解释说明手法,按语义、修辞或句法的需要,增加一些解释说明的词,补充完善原成语的意思,以表达成语在上下文中的含义。释义法翻译是把要解释的内容融合到译文中去,使译文一气呵成,巧妙传达出原文的意义。释义法翻译一般用在双语文化或语言的差异很大,译入语难以直接表达的场合。

例 16:领导干部要坚决反对事不关己、高高挂起,明知不对、少说为佳的庸俗哲学,坚决克服文过饰非、知错不改等错误倾向。(第二卷,第 183 页)

译文:Officials should firmly oppose such ideas as "it is none of my business" or "it is better to say nothing about what's wrong". And they should overcome any tendency to cover up errors and fail to correct mistakes. (II, p. 200)

本例翻译采用了释义法。汉语成语"事不关己、高高挂起"谐音"i"，两个成语的意思是"把与己无关的事情丢开，搁在一边不管"，翻译成英文是"let things drift if they do not affect one personally"。尽管这个译文没有错误，但它失去了原文的韵感。原文本意是有些领导干部玩忽职守、不负责任，导致老百姓不满意。外国读者看不懂。因此，目的语需要进行释义。短语"none of one's business"简洁明了。此外，"none"和"one"的尾音以及"one's"和"business"的尾音与原文的韵律对应。因此，目的语不论在形式上还是在内容上都很好地再现了原文。

2. 减译法

减译法指翻译时省略源语表达形式中出现而译语中不需要或可有可无的语言单位，以使译文言简意赅，原则是"减词不减意"。由于英汉两种语言在语法结构、表达方式以及修辞手段上的不同，有些词语或句子成分在汉语中是必不可少的，但若搬到译文中去，就会影响译文的简洁和通顺。但必须注意，减译不是删掉原文中的某些内容，在不宜减译的情况下，不要随便减。

例 17：不论是几百年前跨越"黑水沟"到台湾"讨生活"，还是几十年前迁徙到台湾，广大台湾同胞都是我们的骨肉天亲。大家同根同源、同文同宗，心之相系、情之相融，本是血脉相连的一家人。（第一卷，第 237 页）

译文：All Taiwanese are our kinsmen, including the descendants of those who crossed the dangerous "Black Ditch" hundreds of years ago to seek a new life in Taiwan, and those who migrated to Taiwan a few decades ago. We share origins and ancestors, and we are one close family. (I, pp. 261-262)

"同根同源"和"同文同宗"的意思是海峡两岸宗源相同，历史文化背景相同，因此在精神和情感方面也是极为相似的。这就是"血脉相连"的内涵。这些四字格成语的意思是海峡两岸的人民是不可分割的一个整体。成语"血脉相连"经常被当作一个暗喻，比如珍贵的亲情。西方人很容易弄懂"血液"和"脉搏"，但是不能联想其中的文化内涵。因此，本句翻译无需直译，采用减译，整合语义，将其内涵完美呈现。

3. 合译法

合译法，是将两三个句子合译为一个句子，以使译文简洁流畅、语气贯通、逻辑严密、概念明确。分译法的要点在于将原文中非单句的成分转化为句子，而合译法的要点则是将多个句子合为一个。之所以会用到这两种翻译方法，主要是和汉英语言不同特点有关。英语是树状结构，主次分明，逻辑性强，更为显性。汉语是流水结构，以语序为表达逻辑的手段，更为隐性。

例 18：要找准突破口，以点带面、串点成线、步步为营，久久为功。（第二卷，第 199 页）

译文：We should identify areas where breakthroughs are most likely, promote our exercise to wider areas and consolidate progress step by step to achieve final success. (II, p. 219)

"以点带面"是一种解决问题和分析问题的方法，通常用于从局部到整体、从特殊到一般的推理过程，用一个单位或地方的成功经验来带动许多单位或成片地区的工作。四个成语都是用来说明说话者的要求。译者搞清内在的逻辑关系，将四个成语融为一个句子，用不定式连接，确保其连贯性，便于受众理解。

（二）并列惯用语的翻译

1. 直译法

直译法指在符合译文语言规范的基础上，在不引起错误的联想或误解的前提下，保留习语的比喻、形象以及民族色彩的方法。巴恩斯通认为直译法能够极力保持英汉习语之原义、形象和语法结构，基本上兼顾"形式相当"和"功能对等"。形式相似、功能对等的习语很多，翻译时使用直译法能保持原文风格。

例 19：这种不求有功、但求无过的"圆滑官""老好人""推拉门""墙头草"多了，党和人民的事业怎么发展啊？（第一卷，第 416 页）

译文：How can the cause of the Party and the people proceed if there are a lot of "nice guys," people of "smooth character", those "who always pass the buck to others" or act like "weeds atop the wall". (I, p. 466)

"圆滑官""老好人""推拉门""墙头草"四个惯用语连续使用，都表示一些官员遇事互相推诿扯皮、没有自己立场和主张、左右逢迎、上下讨好的负面形象，都用来比喻那些没有骨气、立场不坚定、四面卖乖八面玲珑的人。直译法再现了原文的形象表达，恰到好处。

2. 转译法

转译法,亦称转换法,是指翻译过程中由于两种语言在语法和习惯表达上的差异,在保证原文意思不变的情况下,译文通过改变词类或词在句子中的作用,以使译文符合目的语的表述方式、方法和习惯。

例20:有的下基层调研走马观花,下去就是为了出镜头、露露脸,坐在车上转,隔着玻璃看,只看"门面"和"窗口",不看"后院"和"角落"。(第一卷,第369页)

译文:For some officials, a "grassroots survey" is no more than a comfortable ride in a car, a hurried glance through the window, an affable wave to the cameras, and a casual glance at events outside, rather than a proper investigation into shadows, nooks and crannies. (I, p. 405)

"走马观花"和"坐在车上转,隔着玻璃看"是行为,"出镜头、露露脸"是目的,最后一个小分句表示结果。译文中这四处都转换成名词短语,同时,位置也进行了相应的调整。"坐在车上转,隔着玻璃看"也是并列结构,而译文"a comfortable ride"和"a hurried glance"将原文的"转"和"看"转成动作的名词,整个结构转换为"形容词 + 名词",使描写更加深刻。

3. 意译法

意译法指的是在翻译过程中,译者不拘泥于原文的字面意思,而是根据目的语的习惯和特点,对原文进行必要的调整和变通,以达到更好的翻译效果。与直译法相比,意译法更注重译文的流畅性和可读性,以及信息的准确传达。

例21:我们要赢得优势、赢得主动、赢得未来,战胜前进道路上的各种各样的拦路虎、绊脚石,必须……(第二卷,第67页)

译文:To gain competitiveness, win the initiative, seize the future, and overcome barriers on the path ahead, we must… (II, p. 70)

例22:党纪国法不能成为"橡皮泥""稻草人",违纪违法都要受到追究。(第二卷,第127页)

译文:Party discipline and state laws must not become tokens, and any violation of discipline and laws must be punished. (II, p. 137)

"拦路虎""绊脚石""橡皮泥"和"稻草人"都是暗喻,逼真易懂。"拦路虎"和"绊脚石"的意思是障碍物。"橡皮泥"和"稻草人"是表象。翻译时,两个例子均需释义,"拦路虎"和"绊脚石"翻译成"barriers",这是内涵意义。"橡皮泥"和"稻草人"翻译成"tokens",暗示中国共产党的纪律和国家的法律不是假象、装饰、没有实际效果的表象。

四、结语

熟语是语言的重要组成部分。习近平总书记在治国理政中频繁引用熟语,不仅彰显了个人独特的语言艺术,也深刻反映了中国传统文化和现代政治理念的结合。这充分说明了习近平总书记的话语魅力和亲民风格。如何正确得体地将这些熟语翻译成目的语,既涉及语言文化的转换,又涉及国家形象与国际交流,其意义不容小觑。译者不仅要具有扎实的双语转换能力、丰富的文化背景知识,还要具有敏锐的政治意识以及高度的社会责任感。只有这样,才能在经济全球化、文化多元化的今天,把中国故事讲得更准确、更生动、更深远。

第十三章 >>

《习近平谈治国理政》并列类修辞格翻译

修辞是一门语言里最富智慧、最有生命的部分。修辞是语言文明的精华。修辞，作为使用语言的过程中利用多种语言手段以达到尽可能好的表达效果的语言活动，是每个语言中不可或缺的组成部分。它不仅是语言技巧，更是一种运用语言的智慧，涉及人类交际甚至是人性的根本性的东西。修辞的智慧在于它们能够更好地表达思想、情感和意图，从而实现有效的沟通。英汉修辞格对比与翻译一直是语言学界的焦点话题之一。

一、《习近平谈治国理政》的修辞格

比喻，是习近平总书记的系列重要讲话中用得最多、最恰当、最贴切的修辞格。比如"中华民族的昨天，可以说是'雄关漫道真如铁'；中华民族的今天，可以说是'人间正道是沧桑'；中华民族的明天，可以说是'长风破浪会有时'。"三个比喻，形象生动贴切，既具有高度概括性，又具有生动形象性，还富有诗情画意，韵味悠悠，寓意深刻，品味无穷。习近平总书记深厚的文学功底已深深地定格在全国人民的脑海里。该语句所描述的中国历史、所描叙的中国现状、所描绘的中国未来栩栩如生，展现在世界面前。

除了比喻之外，排比、夸张、拟人等多种修辞格经常出现在习近平总书记的系列重要讲话中。不同修辞格的翻译需要讲究不同的策略，以达到正确解读、有效外宣的目的。

二、《习近平谈治国理政》并列类修辞格翻译

（一）排比

变译法是在特定的条件下，根据受众的利益和志趣，改变原文的形式或内容的一种翻译技巧，经常通过增词、减词、换词、词类转换、句式转换、语境转换和结构调整实现文化交流的目的。

例1：在激烈的国际竞争中，惟创新者进，惟创新者强，惟创新者胜。（第一卷，第59页）

译文：Against the backdrop of international competition, only those who innovate can make progress, grow stronger and prevail. (I, p. 65)

"惟创新者"重复出现三次，旨在强调创新和创新人才的重要性。翻译时，采用主从结构。"创新者"转换为一个定语从句，主句的三个谓语动词对应原句的三个谓语动词。这种结构的调整符合英语简洁、意义准确、逻辑清晰的特征。

例2：博学之，审问之，慎思之，明辨之，笃行之。（第一卷，第174页）

译文：Learn extensively, inquire earnestly, think profoundly, discriminate clearly and practice sincerely. (I, p. 194)

引用《中庸》中的这句名言，旨在阐述学习和思考、学习和实践是相辅相成的。这句格言重复使用"副词＋动词＋助词"这一结构。为了体现这一特征，译文尝试模仿这一结构，并连续使用"动词＋副词"的表征形式。区别在于连词"and"和助词"之"必须根据英语的表达习惯正确添加和删除。这句话的翻译在形式和内容方面都与原文对应。

例3：抓而不紧，抓而不实，抓而不常，等于白抓。（第一卷，第364页）

译文：Nothing can be accomplished unless we take a serious, pragmatic and consistent approach. (I, p. 400)

以上例句从形式上看，都是排比句。从内容上，都有相同的单词。因此，翻译时不能按照处理排比句的常规套路。一个引导性的句子加上每个短语的核心意义是最佳方案，既再现了原句的句法特征，又达到了简洁易懂的效果。

（二）对偶

对偶是用字数相等、结构相同、意义相称的一对短语或句子来表达两个相

对应、相近或相同的意思的修辞方式。对偶句语言凝练,句式整齐,富有节奏感,使两方面的意思互相补充和映衬,加强语言的表达效果。对偶主要包括正对、反对和串对。

1. 正对

对偶中的一对语句或一对成分表达的意义是相同或相关的就是正对。

例4:甘瓜抱苦蒂,美枣生荆棘。(第二卷,第478页)

译文:As a line in an old Chinese poem goes, "Honey melons hang on bitter vines; sweet dates grow on thistles and thorns. " (II, p. 521)

"甘瓜抱苦蒂,美枣生荆棘"意思是再甘甜的瓜,其所连接的瓜蒂都是苦的,再美味的枣子,都长在带刺的荆棘上。这句格言富含中国传统哲学的辩证主义思想,表达了事物的两面性。引用这句话旨在表达我们对经济全球化的态度:既不要追求完美,又不要害怕困难。外国读者非常熟悉"honey melon"和"bitter vines"产生的文化形象,因此直译就能恰当地传达源语的信息。此外,译文增加"As a line in an old Chinese poem goes"这一状语从句,使这句格言的呈现更加自然入境。

2. 反对

对偶中的一对语句或一对成分表达的意义是相反或相对的就是反对。

例5:现在,青春是用来奋斗的;将来,青春是用来回忆的。(第一卷,第54页)

译文:Now is the time for you to make the most of your youth; and the future is a time for you to look back on. (I, p. 59)

原文是典型的主系表结构,"现在"和"将来"是状语。引用这句话旨在鼓励青年人要珍惜当下的美好时光。翻译时,为了凸显"现在"的价值,译者调整了主语,为了构成对比句,第二个小分句的主语也要进行调整,形成了明显的对照。

例6:……,既读有字之书,也读无字之书,……。(第一卷,第59页)

译文:You should learn by reading and from other people's practical experience with equal devotion … (I, p. 64)

"有字之书"和"无字之书"是反义。翻译并列结构时,增加了连词"and",体现英文的形合特征。两个并列体的翻译并没有采取直译的方法,既然是书,肯定是有字的,故没必要强调二者之间的关系。"无字之书"指的是实践经验,因此,原句表达的意思是"阅读"和"经验"。

例 7:……什么是真善美,什么是假恶丑,什么是值得肯定和赞扬的,什么是必须反对和否定的。(第一卷,第 165 页)

译文:… what is the true, the good and the beautiful, what is the false, the evil and the ugly, and what should be praised and encouraged, and what should be opposed and repudiated. (I, p. 183)

"真善美"和"假恶丑""肯定和赞扬的"和"反对和否定的"构成反对关系。后两个并列体是前两个并列体的解释,因此分界之处添加连词"and"。译文的处理不仅再现了源语的形式,而且再现了源语的内容。

3. 串对

对偶中的一对语句或一对成分表达的意义具有并列、连贯、因果、假设、条件等关系的是串对。

例 8:坚持独立自主,就要坚定不移走中国特色社会主义道路,既不走封闭僵化的老路,也不走改旗易帜的邪路。(第一卷,第 30 页)

译文:Adhering to independence means that we will firmly take the socialist path with Chinese characteristics. We will not take the old path of a rigid closed-door policy, nor an erroneous path by abandoning socialism. (I, p. 32)

"既不走封闭僵化的老路"和"也不走改旗易帜的邪路"构成串对。翻译时,采用直译法,保留了原文的形式和意义,有利于受众接受中国独立自主的内涵。

例 9:学校……,努力做到每一堂课不仅传播知识,而且传授美德;每一次活动不仅健康身心,而且陶冶性情,……(第一卷,第 184 页)

译文:Teachers …, and patiently impart knowledge and cultivate virtues. Schools should ensure that their activities are good for the students' physical and mental health, and will exert a favorable influence on their characters. (I, p. 204)

本例采用分译法,原文是用分号分隔构成的一个句子,译文转换成两个句子。查阅原文,原句主语是"学校"。翻译时,拆成两个英文句子。第一个句子的主语是"Teachers",第二个主语是"Schools"。这一例句证明了汉语是意合语言,英文是形合语言。

4. 对偶引语

在《习近平谈治国理政》中,很多对偶句本身就是引语。翻译引语时,经常会采用下列方法。

(1)直译法

直译法是指将原文中的词汇和句式直接翻译成目的语,尽可能保留原文的表达方式和语言特征。这种方法在翻译简单句和长句时比较常用,能够保证译文与原文的对应性和一致性。

例10:宝剑锋从磨砺出,梅花香自苦寒来。(第一卷,第52页)

译文:The sharpness of a sword results from repeated grinding, while the fragrance of plum blossoms comes from frigid weather. (I, p. 56)

该典故语出《警世贤文·勤奋篇》。"宝剑"和"梅花"作为中国特色意象词,喻义要经过艰苦磨炼,才能有所成就。依据英语民族表达习惯,本例采用直译法,"宝剑"和"梅花"直接选用英文对应表达,既能保留原文含义,又能获得受众认同。

例11:橘生淮南则为橘,生于淮北则为枳。(第二卷,第286页)

译文:To the south of the Huaihe River grow oranges, while to the north grow bitter oranges. (II, p. 312)

该典故出自《晏子春秋·内篇杂下》,讲述"环境发生变化事物随之变化"的道理。"橘"和"枳"并不为外国受众所熟悉,二者的原产地是中国。"橘"在公元17世纪传播到美国。"枳"是一种药材,通称为"枳橘"。因此,在翻译时,译者将"枳"翻译成"bitter orange",益于受众理解"橘"和"枳"的关系。

例12:志不强者智不达,言不信者行不果。(第四卷,第81页)

译文:The weak-minded cannot be wise; the dishonest cannot succeed. (IV, p. 92)

该典故语出《墨子·修身》。原意是指,意志不坚定的人,才智也不会通达;不讲信用的人,行动也不会有结果。引用该句旨在强调中国共产党在发展过程中的艰难与坚定。直译法再现了源语的语言意义和文化内涵,符合受众的期待。

例13:栽下梧桐树,引来金凤凰。(第四卷,第202页)

译文:A tall and luxuriant Chinese parasol tree attracts golden phoenixes. (IV, p. 232)

该引用源自《诗经·大雅·卷阿》。意思是,种下梧桐树,凤凰便会在此安居。引用该句想要表达在全社会营造尊重人才的环境,从而才能培养更多的人才。"梧桐树"象征好的环境;"金凤凰"象征人才。直译分别保留了"梧桐树""金凤凰"这两种植物、动物意象,忠实于原文风格,利于中国文化外宣。

直译即按原文的字面翻译,是指中国时政文献中所引用的典故无论是从字面形式还是从所包含的内涵及意象方面都能为译入语读者所接受所采用的一种翻译方法。直译不但可以达到使译入语读者理解的目的,还可以保留原文中的某些特色意象,赋予译作更多的异国情调。

(2)意译法

《习近平谈治国理政》中的部分典故带有特定的文化背景或更深层次的意味,不能按字面意思来理解。此类典故在英语中找不到与之对应的既有表达,直译又不能清晰地表达其内涵意义。在此情况下,只能舍弃文化背景或表层含义,采用意译法表现其语义内涵。

例14:宰相必起于州部,猛将必发于卒伍。(第一卷,第409页)

译文:Prime ministers must have served as local officials, and great generals must have risen from the ranks. (I, p. 457)

此句出自《韩非子·显学》,意思是宰相和猛将都需要经过基层的锻炼,否则便是纸上谈兵,不利于国家的发展。虽然"宰相"和"猛将"是特定历史时代的职位,但其中蕴含的文学性哲理仍对当今的治国理政有重要启发。译文考虑到了文化背景的差异,为简明扼要传达最精确的信息,译者通过归化处理信息,将"州部(古代基层的地方行政单位)"处理为"local officials","卒伍(古代军队编制)"处理为"the ranks",便于引起西方读者的共鸣。此外,译文的排列非常工整,提升阅读效率与可读性的同时增强了阅读愉悦感。

例15:孤举者难起,众行者易趋。(第四卷,第238页)

译文:The going may be tough when one walks alone, but it gets easier when people walk together. (IV, p. 274)

该典故语出自中国近代思想家魏源《默觚·治篇八》。意思是,一个人独自举起重物可能会很困难,但许多人一块行走则容易走快。"孤举者"在英文中没有对应的词汇,这种情况下,意译是上策。译文并没有受限于原文的形式,适当调整了主语,易于目标受众的理解。

（3）直译＋意译

例16：老吾老以及人之老，幼吾幼以及人之幼。（第二卷，第214页）

译文：Do reverence to the elders in your own family and extend it to those in other families; show loving care to the young in your own family and extend it to those in other families. (II, p. 236)

用典语出《礼记·礼运》，表达敬爱自己老人及他人老人，呵护自己孩子及他人孩子。依据英语民族表达习惯，本例采用直译与意译相结合的翻译方法。译文中用"do reverence"表达敬爱之意，用"show loving care"表达呵护孩子之意，表达了党始终坚持以人民为中心的发展理念。

例17：交得其道，千里共好，固于胶漆，坚于金石。（第二卷，第490页）

译文：A partnership forged with the right approach defies geographical distance; it is thicker than glue and stronger than metal and stone. (II, p. 535)

本例语出三国时谯周《谯子·齐交》。意思是，朋友间若是交往有道，即使相隔千里也能同心交好，其友谊比胶漆还牢固，其情谊比金石还坚定。依据英语民族表达习惯，本例采用直译与意译相结合的翻译方法。译文用"right approach"表达交友之道，用"geographical distance"表达相隔千里，借用该典故强调金砖合作国之间关系如"胶漆"与"金石"，其关键在于找准了合作之道，所以合作得到快速发展。

（4）增译法

例18：内无妄思，外无妄动。（第三卷，第507页）

译文：We will not act recklessly if we think right. (III, p. 587)

此典故出自《朱子语类》。原文结构对称，意义构成对比。译者翻译时将前半句处理成"if"引导的状语从句，强调后者的重要性。此外，翻译本句时，译文添加了主语"We"，既体现英语的形合，又增加可接受性。

例19：见出以知入，观往以知来。（第四卷，第237页）

译文：One can tell the inside of a thing by observing its outside and see future developments by reviewing the past. (IV, p. 272)

这句话出自《列子·说符》，其基本含义是看见外表就可以知道内里，观察过往就可以预知未来。引申解释为，透过现象可以看到事物的本质，学习历史可以掌握发展的规律。译者在理解原文的基础上对原文进行变通，添加主语，将"来"译为"future developments"。句式工整,且与原文语义对等。

（5）省译法

例20:功崇惟志,业广惟勤。（第一卷,第41页）

译文:One must both have great ambition and make tireless efforts to achieve great exploits. (I, p. 44)

本中的"功崇惟志,业广惟勤"出自《尚书·周书》,其中的"功"指"功勋","业"指"事业",二者所指各有侧重,但在翻译中用"great exploits"（伟大的功绩）将二者一起概括,而把表意的重点放在"have great ambition and make tireless efforts"（惟志惟勤）上,这是由英语的表意特点而导致的省略。（祝朝伟,2020）

（6）变译法

例21:天下之势不盛则衰,天下之治不进则退。（第三卷,第112页）

译文:If a dynasty cannot continue to rise, it will fall; if a country cannot improve its governance, the state of order will deteriorate. (III, p. 138)

本句出自宋代大儒吕祖谦的《东莱博议》。意指天下的形势不强盛就会走向衰落;国家的治理不寻求发展就会面临倒退。该句的引用旨在强调世界的变局以及各国面临的挑战。这在历朝历代都是如此,因此"天下"译成"dynasty"和"country"。

例22:文章合为时而著,歌诗合为事而作。（第三卷,第323页）

译文:Prose and poetry are composed to reflect the times and reality. (III, p. 377)

本句出自唐代白居易的《与元九书》。意思是,文章应该为时事而著作,诗歌应该为现实而创作。此句的引用旨在强调文艺、社会科学应该与时俱进。"著"和"作"是同义词。翻译时,直译会导致句子冗长,因此,句子结构需要整合。整合后的译文是个简单句,不仅形式简洁明了,而且语义清楚完整。

（三）层递

层递是指结构上有三项（含）以上并列的词语、短语或句子,并列项在意义和程度上有内在的联系,并且根据逻辑关系依次渐升,最后到达高潮。

例23:耳闻之不如目见之,目见之不如足践之。（第一卷,第417页）

译文:Hearing is not as good as seeing, and seeing is not as good as experiencing.

(I, p. 467)

　　此处原文句式同样呈现出古韵复沓之美，且内涵较易领悟，即突出实践的重要性。因此，译者将"耳闻""目见"和"足践"处理为动名词，由"… is as good as …"贯穿此三者关系，并将隐含在原文中的层递修辞传译到位，再加之"-ing"形成的尾韵统一，并列工整，重点突出，具有极高的审美价值，也传达了原文强调实践重要性的本意。（冯小宸，朱义华，2022）

　　例 24：听言不如观事，观事不如观行。（第三卷，第 124 页）

　　译文：Approach tells more than words, and conduct reveals more than approach. (III, p. 149)

　　本句出自魏晋时期傅玄的《傅子·通志》。意思是，要想甄别一个人，与其听他说话，不如看他做事，与其看他做事，不如观察他的行为。翻译时，采用了省译法，把"听""观"都省略了。动词省略后，三个名词的地位就凸显出来了，这正符合英文静态的表达习惯。

　　（四）突降

　　突降是一种语言修辞艺术，结构上有三项（含）以上并列的词语、短语或句子，通过打破叙述事物的逻辑思维方式，使内容从意义重大突然转入平淡或荒谬，从而产生特定的语义构建特征和语用功能。与层递相反，突降的并列项在语义上依次递减直至到达最低谷。

　　例 25：太上有立德，其次有立功，其次有立言。（第三卷，第 325 页）

　　译 文：The highest attainment is to exemplify virtues; the second highest is to perform great deeds; the third highest is to put forth noble ideas. (III, p. 379)

　　本句出自《左传》。意思是，立德是最高的境界。引用该句旨在希望文化文艺工作者、哲学社会科学工作者都通过培养德行树立社会规范。翻译时，采用直译法，原句的逻辑关系得以保留。其次，译文增加了"attainment"，这是原文语境里很重要的信息，易于受众理解原文思想。原文的三个"立"，在译文中用"exemplify""perform""put forward"三个词（语）对应，不同的动宾搭配凸显了不同的名词内涵差异。

　　（五）重言

　　重言包括同义词、同义短语和同义句子。翻译时，可将同义部分删除，也可保留,起到同义强调的作用。以下例句分析参照李长栓(2022)。

同义词

例26:每个人都有理想和追求,都有自己的梦想。(第一卷,第36页)

译文:Everyone has an ideal, ambition and dream. (I, p. 38)

本句的"理想""追求""梦想",意思相近,译文都体现了出来,旨在同义强调。虽然三个同义词都翻译出来了,但句子结构做了适当的简化,体现了英语的简洁性。

例27:法律和道德都具有规范社会行为、调节社会关系、维护社会秩序的作用,在国家治理中都有其地位和功能。(第二卷,第133页)

译文:Both function to regulate people's conduct and social relations and maintain social order, yet each plays a different role in national governance. (II, p. 144)

本句中的"地位"和"功能"为重言,译文省略了"功能"。"规范"和"调节",虽然出现在不同句子中,但意思相近,合并翻译为"regulate"。简化英文句式,更容易为受众接受。

例28:……全面贯彻实施宪法是全面依法治国、建设社会主义法治国家的首要任务和基础性工作。(第三卷,第279页)

译文:… comprehensively implementing the Constitution is the primary and basic task for governing the country in accordance with the law and building China into a socialist country under the rule of law. (III, p. 327)

本句中的"贯彻"和"实施"意思几乎没有区别,英文只翻译了一个,突出了英文的简洁性和语言的经济性。

同义短语

例29:国际社会越来越多地把目光投向中国、聚焦中国。(第一卷,出版说明)

译文:China is attracting growing attention worldwide. (I, Publisher's Note)

本例中,"投向中国"和"聚焦中国"意思完全相同,翻译时,没有必要重复,突出了英文的简洁性。

例30:要注重调动贫困群众的积极性、主动性、创造性。(第二卷,第90页)

译文:We must arouse their enthusiasm and let their creative ability play its role.

(II, p. 96)

"积极性"和"主动性"在英语中区别不大,因此合并翻译为"enthusiasm",凸显了语言的经济性和英语的简洁性。

例31:在新的历史条件下,我们要把依法治国基本方略、依法执政基本方式落实好,把法治中国建设好,必须坚持依法治国和以德治国相结合,使法治和德治在国家治理中相互补充、相互促进、相得益彰,推进国家治理体系和治理能力现代化。(第二卷,第133页)

译文:In this new era, we should implement the rule of law as the fundamental strategy for governing the country, and law-based exercise of state power as the basic approach to governance. To achieve these, we need to integrate the rule of law with the rule of virtue so that they complement and reinforce each other in promoting the modernization of our national governance system and capacity. (II, p. 144)

本句中,"相互补充""相互促进"两个短语的意思和"相得益彰"基本相同,译文只翻译了前两个,表意正确,语言简洁,符合经济原则。

例32:在这个根本问题上,必须旗帜鲜明、毫不含糊。(第三卷,第329页)

译文:We must take a clear stance on this matter of principle. (III, p. 382)

"旗帜鲜明"和"毫不含糊"意思完全相同,故译文删除了一个,表意正确,语言简洁。

例33:少年是祖国的未来、民族的希望。(第三卷,第328页)

译文:Young people are the future of China and the hope of our nation. (III, p. 382)

"祖国的未来"和"民族的希望",意思相近,译文保留两个。译文的两个短语"the future of China"和"the hope of our nation"构成并列结构,共同做句子的表语,其结构正好与原文保持一致,重在强调原文中相近的两个概念。

例34:……人人有责、人人尽责、人人享有……(第四卷,第338页)

译文:… everyone fulfills their responsibilities and shares in the benefits. (IV, p. 393)

本句中,"人人有责"和"人人尽责"并列,实际上意义相同。翻译时,二者合并,简洁化的表达有利于目的语读者更好地掌握原文的思想内涵。

同义句子

例35：现在，一些地方出现干部作用发挥有余、群众作用发挥不足现象，"干部干，群众看""干部着急，群众不急"。一些贫困群众"等、靠、要"思想严重，"靠着墙根晒太阳，等着别人送小康"。（第二卷，第90页）

译文：Now, in certain places, village officials are really busy whereas farmers remain indifferent. The poor do nothing but wait, relying on and asking for poverty relief. This tendency has been caricatured in such terms as "Idle men lean against the wall, enjoying the sunshine and waiting for others to bring them a moderately prosperous society. " (II, p. 96)

"干部作用发挥有余、群众作用发挥不足现象""干部干，群众看"以及"干部着急，群众不急"，三个句子生动形象。事实上，每个分句的前半部分与后半部分是语义重复。"等、靠、要"和"靠着墙根晒太阳，等着别人送小康"意思相同，后者只是换了一种更形象生动、更接地气的说法。（李长栓，2022）如果全部照译，句子冗长、语义重复。译文"village officials are really busy whereas farmers remain indifferent"，不仅句式简洁，语义也明确，利于目标受众理解接受。

（六）反复

反复主要包括连续反复和间隔反复。反复部分的翻译可根据目的语的表达习惯进行变通。必要时，可保留反复的内容。

例36：我们一定要始终与人民心心相印、与人民同甘共苦、与人民团结奋斗，……（第一卷，第5页）

译文：We must always bear in mind what the people think and share weal and woe with them, and we must work together with them … (I, p. 5)

本例中反复的内容是"与人民"，这充分体现了人民至上的理念。翻译时，译文进行了适当的变通，第一次出现用"the people"，后两次用介词短语"with them"代替，体现了英语的形合特征。

例37：回首过去，全党同志必须牢记，……。审视现在，全党同志必须牢记，……。展望未来，全党同志必须牢记，……（第一卷，第36页）

译文：Reviewing the past, all Party members must bear in mind that … Looking at the present, all Party members must bear in mind that … Looking ahead at the future, all Party members must bear in mind that … (I, pp. 37-38)

例中反复出现"全党同志必须牢记",不仅引发了全党同志的注意力,还连接了过去、现在、未来三个方面,条理分明,富有逻辑性。翻译时,直接保留重复的内容,旨在提醒、强调"全党同志"这一概念,增加了表达的语势。

有时候,每一段的段首会重复使用某些句子成分。

例38:提高国家文化软实力,关系……。提高国家文化软实力,要……。提高国家文化软实力,要……。提高国家文化软实力,要……。提高国家文化软实力,要……。(第一卷,第160-162页)

译文:The strengthening of our cultural soft power is … To strengthen our cultural soft power, we should … To strengthen our cultural soft power, we should … To strengthen our cultural soft power, we should … To strengthen our cultural soft power, we should … (I, pp. 178-180)

在五个自然段开头部分反复"提高国家文化软实力",不仅强调了此分句,还沟通了上下文,前后相对,照应严密;与标题相呼应,总分结构,层次分明,逻辑清晰。翻译时,直接保留重复的内容。第一个重复是文章的第一段,是客观陈述,根据行文需要,选用了现在分词形式做主语,后面四个重复是阐释具体的做法,采用了不定式形式做目的状语,增加了人称代词"we"做主语。

例39:……,为促进共同发展提供……。……,为促进共同发展提供……。……,为促进共同发展提供……。……,为促进共同发展提供……。(第一卷,第330-332页)

译文:… we should … for common development. … we should … for common development. … we should … for common development. … we should … for common development. (I, pp. 362-364)

在四个自然段开头部分反复"为促进共同发展提供……",壮大了文势,同时也将促进共同发展的立场表现得更为坚定。翻译时,直接保留重复的内容,明确了语义,加强了语势。

《习近平谈治国理政》也出现了连续反复和间隔反复结合使用的现象。

例40:我国科技发展的方向就是创新、创新、再创新。(第一卷,第123页)

译文：The direction of our scientific and technological development is innovation, innovation and more innovation. (I, p. 136)

连续反复两个"创新"，第三个"创新"被"再"隔开，修辞格"反复"和程度副词"再"使这个词得到了强调，凸显了创新对我国科技发展的重要性。翻译时，保留重复的内容，再现了原文的语势。

例 41：我们的干部要上进，我们的党要上进，我们的国家要上进，我们的民族要上进，就必须大兴学习之风，坚持学习、学习、再学习，坚持实践、实践、再实践。（第一卷，第 407 页）

译文：If our officials, our Party, our country and our people are to make progress, we must be advocates of learning. We must study, study, then study some more, and we must practice, practice, then practice some more. (I, p. 456)

间隔反复"上进""学习"和"实践"的用法同例 40 相同。运用反复旨在强调重点表达的观点和主张，引发听众的注意和思考。翻译时，多个"上进"合译为一个，旨在强调上进的不同主体，"学习"和"实践"的表达数目保持不变，旨在说明这二者的重要性。

三、结语

修辞是加强言辞或文句效果的艺术手段。《习近平谈治国理政》完美展现了习近平总书记的个人语言艺术和国家领导人的语言魅力，集中体现了时政文献的语言特色。丰富多样的修辞格及其翻译是学界研究政治话语的焦点之一。其中，并列类修辞格的特殊性更值得关注。修辞格的翻译涉及多种策略和方法，旨在准确传达原文的修辞效果和写作意图，同时确保目的语的读者能够理解并感受到原文的情感色彩和表达效果。

第十四章 >>

《习近平谈治国理政》并列类修辞格译例

并列结构在现代汉语中无处不在,并列类修辞格的使用非常广泛。本章专门整理《习近平谈治国理政》并列类修辞格及其翻译,以期赏"习语"、学语言、学翻译,共享语言和翻译背后的文化魅力。

一、排比

例 1:我们的人民热爱生活,期盼有更好的教育、更稳定的工作、更满意的收入、更可靠的社会保障、更高水平的医疗卫生服务、更舒适的居住条件、更优美的环境,期盼孩子们能成长得更好、工作得更好、生活得更好。(第一卷,第 4 页)

译文:Our people have an ardent love for life. They want to have better education, more stable jobs, more income, reliable social security, better medical and health care, improved housing conditions and a beautiful environment. They hope that their children will have sound growth, good jobs and more enjoyable lives. (I, p. 4)

例 2:中国特色社会主义,承载着几代中国共产党人的理想和探索,寄托着无数仁人志士的夙愿和期盼,凝聚着亿万人民的奋斗和牺牲,是近代以来中国社会发展的必然选择,……(第一卷,第 8 页)

译文:Socialism with Chinese characteristics encapsulates the ideals and explorations of generations of Chinese Communists, embodies the aspirations of countless patriots and revolutionary martyrs, and crystallizes the struggle and sacrifices of the myriads of the Chinese people. (I, p. 8)

例 3:……具有无比广阔的舞台,具有无比深厚的历史底蕴,具有无比强大的前进动力。(第一卷,第 29 页)

译文:We have a big stage to display our advantages on, a long and rich history to draw benefit from, and a powerful impetus to push us ahead. (I, p. 31)

例 4:中华民族的昨天,可以说是"雄关漫道真如铁"……中华民族的今天,正可谓"人间正道是沧桑"……中华民族的明天,可以说是"长风破浪会有时"。(第一卷,第 35 页)

译文:In the old days, the Chinese people went through hardships as grueling as "storming an iron-wall pass. " … Today, the Chinese nation is undergoing profound changes, like "seas becoming mulberry fields. " … In the future, the Chinese nation will "forge ahead like a gigantic ship breaking through strong winds and heavy waves. " (I, p. 37)

例 5:实现中国梦必须走中国道路。……实现中国梦必须弘扬中国精神。……实现中国梦必须凝聚中国力量。(第一卷,第 39-40 页)

译文:To realize the Chinese Dream, we must take our own path, … To realize the Chinese Dream, we must foster the Chinese spirit, … To realize the Chinese Dream, we must pool China's strength, … (I, pp. 41-42)

例 6:我们国家的发展前景十分光明,但道路不可能一帆风顺,蓝图不可能一蹴而就,梦想不可能一夜成真。(第一卷,第 48 页)

译文:There is a bright future for our country, but reaching it will not be easy. We cannot accomplish our goal with one single effort, nor can we realize our dream overnight. (I, p. 51)

例 7:中国梦是历史的、现实的,也是未来的。……中国梦是国家的、民族的,也是每一个中国人的。……中国梦是我们的,更是你们青年一代的。(第一卷,第 49 页)

译文:The Chinese Dream pertains to the past and the present, but also the future …. The Chinese Dream is the dream of the country and the nation, but also of every ordinary Chinese …. The Chinese Dream is ours, but also yours, the younger generations. (I, p. 53)

例 8:人生之路,有坦途也有陡坡,有平川也有险滩,有直道也有弯路。(第

一卷,第 54 页)

译文:The path of life is sometimes level, sometimes steep, sometimes smooth, sometimes rough, sometimes straight, sometimes crooked. (I, p. 59)

例 9:实现中国梦,必须……实现中国梦,必须……实现中国梦,必须……实现中国梦,必须……(第一卷,第 56-57 页)

译文:To realize the Chinese Dream, we must … To realize the Chinese Dream, we must … To realize the Chinese Dream, we must … To realize the Chinese Dream, we must … (I, pp. 61-62)

例 10:在激烈的国际竞争中,惟创新者进,惟创新者强,惟创新者胜。(第一卷,第 59 页)

译文:Against the backdrop of international competition, only those who innovate can make progress, grow stronger and prevail. (I, p. 65)

例 11:一年之计,莫如树谷;十年之计,莫如树木;终身之计,莫如树人。(第一卷,第 127 页)

译文:If you want one year of prosperity, then grow grain; if you want ten years of prosperity, then grow trees; if you want one hundred years of prosperity, then you grow people. (I, p. 141)

例 12:少年智则国智,少年富则国富;少年强则国强,少年进步则国进步。(第一卷,第 181 页)

译文:If the youth are wise, the country will be wise. If the youth prosper, the country will prosper. If the youth are strong, the country will be strong. If the youth progress, the country will progress. (I, p. 201)

例 13:不要嫌父母说得多,不要嫌老师管得严,不要嫌同学们管得宽。(第一卷,第 183 页)

译文:Don't complain that parents talk too much, that teachers are too strict, or that classmates are overreaching. (I, p. 203)

例 14:安而不忘危,存而不忘亡,治而不忘乱。(第一卷,第 202 页)

译文:One should be mindful of possible danger in times of peace, downfall in times of survival, and chaos in times of stability. (I, p. 223)

例 15:有的追求物质享受,情趣低俗,玩物丧志,沉湎花天酒地,热衷灯红酒

绿,纵情声色犬马。(第一卷,第 370 页)

译文:Some have abandoned their ideals in favor of material comforts, vulgar amusements, revelry, drinking and a life of luxury. (I, p. 406)

例 16:有的兜里揣着价值不菲的会员卡、消费卡,在高档会馆里乐不思蜀,在高级运动场所流连忘返,在名山秀水间朝歌夜弦,在异国风情中醉生梦死,有的甚至到境外赌博场所挥金如土啊!(第一卷,第 370 页)

译文:Some hold membership cards and consumption cards of great value, and indulge themselves in luxury clubs, high-end sports complexes, free travel at home and abroad, and even foreign casinos, where they spend money like water. (I, p. 407)

例 17:照镜子、正衣冠、洗洗澡、治治病。(第一卷,第 375 页)

译文:Examine oneself in the mirror, straighten one's clothes and hat, take a bath, and treat one's disease. (I, p. 413)

例 18:现实生活中,有的同志总是自我感觉良好,懒得照镜子;有的同志明知自己有问题,怕照镜子;有的同志只愿看到自己光鲜的一面,习惯于化妆后才照镜子;还有的同志喜欢拿着镜子照别人,认为自己美得不得了,人家都是丑八怪。(第一卷,第 375 页)

译文:In real life, some people always feel good about themselves, and seldom look in the mirror. Some are only too well aware of their shortcomings, so they are afraid of looking in the mirror. Some like to admire themselves in the best possible light, and so they put on make-up before looking in the mirror. Some take the view that they are perfect; it is others who are disfigured—they only hold up the mirror in front of others. (I, p. 413)

例 19:……不马虎敷衍,不文过饰非,不发泄私愤。(第一卷,第 377 页)

译文:No one will act either superficially or excessively during criticism sessions, and personal grudges will be avoided. (I, p. 416)

例 20:……做老实人,说老实话,干老实事。(第一卷,第 382 页)

译文:They should be honest and truthful, do sound work … (I, p. 422)

例 21:……政治信仰不变、政治立场不移、政治方向不偏。(第一卷,第 386 页)

译文：... a firm political belief, political stance and political orientation. (I, p. 427)

例 22：这就叫新办法不会用，老办法不管用，硬办法不敢用，软办法不顶用。（第一卷，第 403 页）

译文：In such cases, it is often the case that our people have no alternative when the tried and trusted methods fail, or they dare not adopt sterner measures when soft ones prove inadequate. (I, p. 450)

例 23：富贵不能淫，贫贱不能移，威武不能屈。（第一卷，第 405 页）

译文：Never being corrupted by riches and honors, never departing from principle despite poverty or humble origin, and never submitting to force or threat. (I, p. 453)

例 24：他反复强调，要把人民拥护不拥护、赞成不赞成、高兴不高兴、答应不答应作为制定方针政策和作出决断的出发点和归宿。（第二卷，第 5-6 页）

译文：Deng repeatedly stressed that it is of paramount importance to take the support, approval, satisfaction, and consent of the people as the prime purpose and ultimate goal of all policies and decisions. (II, p. 5)

例 25：……，历史从不等待一切犹豫者、观望者、懈怠者、软弱者。（第二卷，第 32 页）

译文：It will not wait for the hesitant, the bystanders, slackers or the weak. (II, p. 32)

例 26：伟大长征精神，就是……的精神；就是……的精神；就是……的精神；就是……的精神；就是……的精神。（第二卷，第 47 页）

译文：The spirit of the Long March meant .... It represented ... It meant ... It meant ... And it meant ... (II, p. 49)

例 27：……，期盼有更好的教育、更稳定的工作、更满意的收入、更可靠的社会保障、更高水平的医疗卫生服务、更舒适的居住条件、更优美的环境、更丰富的精神文化生活。（第二卷，第 61 页）

译文：The people aspire to a better education, more stable jobs, higher incomes, reliable social security, better medical and health care, improved housing conditions, a beautiful environment, and richer intellectual pursuits and cultural entertainment.

(II, p. 64)

例28：……，该修订的修订，该补充的补充，该新建的新建，……（第二卷，第181页）

译文：…, revising whatever should be revised, supplementing those that require it, and setting new one. (II, p. 199)

例29：当前"为官不为"主要有3种情况：一是能力不足而"不能为"，二是动力不足而"不想为"，三是担当不足而"不敢为"。（第二卷，第224页）

译文：Official nonfeasance is caused by: first, incapability; second, lack of motivation; and third, lack of courage and a sense of responsibility. (II, p. 246)

例30：……新技术、新产品、新业态、新商业模式……（第二卷，第230页）

译文：… new technologies, new products, new industries, and new business models … (II, p. 252)

例31：穷则变，变则通，通则久。（第二卷，第233页）

译 文：Limitations lead to change; changes lead to solutions; solutions lead to development. (II, p. 256)

例32：人民有信仰，国家有力量，民族有希望。（第二卷，第323页）

译 文：When the people are firm in their convictions, the country will prosper and the nation will grow stronger. (II, p. 352)

例33：文化自信是更基础、更广泛、更深厚的自信，是更基本、更深沉、更持久的力量。（第二卷，第349页）

译文：Confidence in culture is basic, deep-rooted, and reaches far and wide; it is a force that is more fundamental, stable and persistent. (II, p. 378)

例34：坚定文化自信，是事关国运兴衰、事关文化安全、事关民族精神独立性的大问题。（第二卷，第349页）

译文：Increasing confidence in our own culture is critical to the prospects of our country, to our cultural security, and to the independence of our national character. (II, p. 378)

例35：在思想上高度认同，政治上坚决维护，组织上自觉服从，行动上紧紧跟随，……（第三卷，第84页）

译文：… endorse it in our thinking, safeguard it in our political philosophy, comply with it in organizational arrangements, and follow it in our actions. (III, p. 106)

例 36：……筑牢信仰之基、补足精神之钙、把稳思想之舵。（第三卷，第 88 页）

译文：… to strengthen their beliefs, reinforce the marrow of their faith, and maintain the correct way of thinking. (III, p. 110)

例 37：有的人对制度缺乏敬畏，根本不按照制度行事，甚至随意更改制度；有的人千方百计钻制度空子、打擦边球；有的人不敢也不愿遵守制度，甚至极力逃避制度的监管，等等。（第三卷，第 128 页）

译文：Some people today still lack reverence for our systems. They do not act in accordance with them and even bend them to their will. Some make every effort to exploit loopholes and circumvent them. Some fear or are reluctant to obey them, and try by every means to evade the restrictions and supervision they impose. (III, p. 154)

例 38：让有为者有位、吃苦者吃香、流汗流血牺牲者流芳，……（第三卷，第 157 页）

译文：… the capable are in the right positions, the hard-working are duly rewarded, and those who sacrifice themselves for the cause are remembered by all. (III, p. 186)

例 39：中国推动更高水平开放的脚步不会停滞！中国推动建设开放型世界经济的脚步不会停滞！中国推动构建人类命运共同体的脚步不会停滞！（第三卷，第 202 页）

译文：China will never waver in its effort to pursue higher-quality opening up. China will never falter in its effort to pursue an open world economy. And China will never relent in its effort to pursue a global community of shared future. (III, p. 239)

例 40：山峦层林尽染，平原蓝绿交融，城乡鸟语花香。（第三卷，第 374 页）

译文：Lush mountains, vast tracts of forest, blue skies, green fields, singing birds, and blossoming flowers offer more than visual beauty. (III, p. 435)

例41："红船精神"概括为开天辟地、敢为人先的首创精神,坚定理想、百折不挠的奋斗精神,立党为公、忠诚为民的奉献精神。(第三卷,第497-498页)

译文:I defined the Red Boat spirit as a pioneering spirit that creates from nothing, a hard-working spirit that keeps faith and fears no setbacks, and a spirit of service that honors the Party's commitment to the public good and its loyalty to the people. (III, pp. 575-576)

例42:这是中华民族的伟大光荣!这是中国人民的伟大光荣!这是中国共产党的伟大光荣!(第四卷,第3页)

译文:This is a great and glorious achievement for the Chinese nation, for the Chinese people, and for the Communist Party of China. (IV, p. 3)

例43:……,深刻改变了近代以后中华民族的方向和进程,深刻改变了中国人民和中华民族的前途和命运,深刻改变了世界发展的趋势和格局。(第四卷,第4页)

译 文:… which profoundly changed the course of Chinese history in modern times, transformed the future of the Chinese people and nation, and altered the global landscape. (IV, p. 4)

例44:为了实现中华民族伟大复兴,中国共产党团结带领中国人民,……为了实现中华民族伟大复兴,中国共产党团结带领中国人民,……为了实现中华民族伟大复兴,中国共产党团结带领中国人民,……为了实现中华民族伟大复兴,中国共产党团结带领中国人民,……(第四卷,第4-6页)

译文:To realize national rejuvenation, the Party united the Chinese people and led them in … To realize national rejuvenation, the Party united the Chinese people and led them in … To realize national rejuvenation, the Party united the Chinese people and led them in … To realize national rejuvenation, the Party united the Chinese people and led them in … (IV, pp. 4-6)

例45:人民是我们党的生命之根、执政之基、力量之源。(第四卷,第63页)

译文:The people are the root of our vitality, the foundation of our governance, and the source of our strength. (IV, p. 73)

例46:要涵养廉洁自律的道德修为,心有所畏、言有所戒、行有所止,不断锻炼意志力、坚忍力、自制力,做一个一心为公、一身正气、一尘不染的人。(第四

卷,第 277 页)

译文:Cultivate your moral compass, remain honest and self-disciplined, and think, speak and act prudently. Build up your resolve, perseverance and self-control, be upright and righteous, always bear the public good in mind, and remain untainted by malpractice. (IV, p. 319)

例 47:……体现人民利益、反映人民愿望、维护人民权益、增进人民福祉……(第四卷,第 289 页)

译文:… represent the people's interests, reflect their wishes, protect their rights and interests, and improve their wellbeing … (IV, p. 332)

例 48:……了解中国共产党为什么能、马克思主义为什么行、中国特色社会主义为什么好。(第四卷,第 317 页)

译文:… what are the reasons for the success of our Party, of Marxism and of Chinese socialism. (IV, p. 366)

例 49:……展现中华历史之美、山河之美、文化之美,抒写中国人民奋斗之志、创造之力、发展之果,……(第四卷,第 322 页)

译文:… reveal the beauty of China's history, landscapes and culture, showcase the people's dedication, creativity and attainments… (IV, p. 372)

例 50:志高则言洁,志大则辞弘,志远则旨永。(第四卷,第 326 页)

译文:A cultivated person of noble and lofty aspirations can produce succinct and vigorous expressions of profound thoughts. (IV, p. 377)

例 51:……幼有所育、学有所教、劳有所得、病有所医、老有所养、住有所居、弱有所扶……(第四卷,第 344 页)

译文:… providing better access to childcare, education, employment, medical services, elderly care, housing, and social assistance. (IV, p. 402)

例 52:生物安全关乎人民生命健康,关乎国家长治久安,关乎中华民族永续发展,……(第四卷,第 399 页)

译文:Biosecurity is vital to the lives and health of our people, to the long-term peace and order of our country, and to the future of the Chinese nation. (IV, p. 465)

例 53:共建和平家园。……共建安宁家园。……共建繁荣家园。……共建美丽家园。……共建友好家园。(第四卷,第 441-443 页)

译文：We should build a peaceful home together. … We should build a safe and secure home together. …. We should build a home of prosperity together. …. We should build a beautiful home together. …. We should build a home of good will together. (IV, pp. 513-515)

例 54：……打造成团结应对挑战的合作之路、维护人民健康安全的健康之路、促进经济社会恢复的复苏之路、释放发展潜力的增长之路。（第四卷，第 491-492 页）

译文：… make it a path of cooperation in addressing common challenges, a path of health for protecting people's health and safety, a path of economic recovery and social development, and a path of growth to achieve our full development potential. (IV, p. 570)

例 55：共建"一带一路"追求的是发展，崇尚的是共赢，传递的是希望。（第四卷，第 493 页）

译文：Belt and Road cooperation targets development and mutual benefits, and conveys a message of hope. (IV, p. 571)

例 56：……遭遇过如此多的艰难险阻，经历过如此多的生死考验，付出过如此多的惨烈牺牲。（第四卷，第 514 页）

译文：… has experienced countless trials and hardships, and made sacrifices … (IV, p. 598)

二、对偶

例 1：政之所兴在顺民心，政之所废在逆民心。（第一卷，第 28 页）

译文：Decrees may be followed if they are in accordance with the aspirations of the people; they may be ineffective if they are against the aspirations of the people. (I, p. 30)

本句出自《管子·牧民》。意思是，政权之所以能兴盛，在于顺应民心；政权之所以废弛，则因为违逆民心。

例 2：空谈误国，实干兴邦。（第一卷，第 36 页）

译文：Empty talk harms the country, while hard work makes it flourish. (I, p. 38)

这简洁的八个字包含了三种词组的混合搭配。"空"与"实""误"与"兴"是反义词组,"谈"与"干"为同为动词,前者指嘴巴的动作,后者指身体的动作,两者为类义词,"国"与"邦"为同义词,指国家。

例3:……,心往一处想,劲往一处使,……(第一卷,第40页)

译文:… make concerted efforts to … (I, p. 42)

例4:功崇惟志,业广惟勤。(第一卷,第41页)

译文:One must both have great ambition and make tireless efforts to achieve great exploits. (I, p. 44)

本句出自《尚书·周书》。意思是,要想建立大的功业,一定要立大的志向;要想成就大的事业,一定要勤奋、勤勉。志与勤,志是方向,勤是路径。

例5:幸福不会从天而降,梦想不会自动成真。(第一卷,第44页)

译文:Happiness does not fall from the sky, nor do dreams come true automatically. (I, p. 47)

例6:学如弓弩,才如箭镞。(第一卷,第51页)

译文:Learning is the bow, while competence is the arrow. (I, p. 55)

本句出自清代诗人、散文家袁枚的《续诗品·尚识》,说的是学问的根基好比弓弩,才能好比箭头,只有依靠厚实的见识来引导,才可以让才能很好发挥作用。

例7:宝剑锋从磨砺出,梅花香自苦寒来。(第一卷,第52页)

译文:The sharpness of a sword results from repeated grinding, while the fragrance of plum blossoms comes from frigid weather. (I, p. 56)

本句出自古代诗人佚名的《警世贤文·勤奋篇》。意思是,宝剑的锐利锋芒是从不断的磨砺中得到的,梅花飘香来自它度过了寒冷的冬季。指要想拥有珍贵品质或美好才华,需要不断的努力、修炼、克服一定的困难才能达到。

例8:梦在前方,路在脚下。(第一卷,第52页)

译文:The dream stretches out before us and the road lies at our feet. (I, p. 56)

例9:自胜者强,自强者胜。(第一卷,第52页)

译文:Those who overcome their weaknesses are powerful, and those who keep improving themselves come out victors. (I, p. 56)

"自胜者强"出自《道德经》第三十三章:胜人者有力,自胜者强。意思是能够战胜别人是有能力,能克制自己的弱点才算刚强。

例 10:从善如登,从恶如崩。(第一卷,第 53 页)

译文:Virtue uplifts, while vice debases. (I, p. 57)

本句最早出自春秋时期文学家、散文家左丘明《国语·周语下》。意思是,学好像登山一样,学坏像山崩一样。比喻学好难,学坏容易。

例 11:青年兴则国家兴,青年强则国家强。(第一卷,第 54 页)

译文:A country prospers if its youth is thriving; a country is strong if its youth is robust. (I, p. 58)

例 12:先天下之忧而忧,后天下之乐而乐。(第一卷,第 59 页)

译文:… being the first to worry about the affairs of the state and the last to enjoy oneself … (I, p. 64)

本句出自宋代政治家、文学家范仲淹的《岳阳楼记》。意思是,在天下人忧虑之前先忧虑,在天下人享乐之后才享乐。

例 13:……,既读有字之书,也读无字之书,……(第一卷,第 59 页)

译文:You should learn by reading and from other people's practical experience with equal devotion … (I, p. 64)

例 14:大鹏之动,非一羽之轻也;骐骥之速,非一足之力也。(第一卷,第 98 页)

译文:The roc soars lithely not merely because of the lightness of one of its feathers; the steed runs fast not merely because of the strength of one of its legs. (I, pp. 109-110)

本句出自《潜夫论·释难》。意思是,大鹏冲天飞翔,不是靠一根羽毛的轻盈;骏马急速奔跑,不是靠一只脚的力量。

例 15:聪者听于无声,明者见于未形。(第一卷,第 124 页)

译文:A person with sharp ears can hear sounds others cannot, and a person with keen vision can see things others cannot. (I, p. 136)

本句出自东汉史学家、文学家班固的《汉书》。意思是,聪明的人可以于无声处听有声,于无形处见有形。

例 16:公生明,廉生威。(第一卷,第 149 页)

译文:Justice breeds trust, and honesty fosters credibility. (I, p. 165)

本句出自明代大臣年富的《官箴》。意思是，公与廉是为官之基、做人之本。处事公平公正才能使人明辨是非；为官清正廉洁才能不为权势左右，平生威严，让人信服。

例17：明者因时而变，知者随世而制。（第一卷，第155页）

译文：A wise man changes his way as circumstances change; a knowledgeable person alters his means as times evolve. (I, p. 173)

本句摘自《盐铁论•卷二》。意思是，聪明的人会根据时期的不同来改变自己的策略和方法，智慧的人会伴随着事物发展方向的不同来制定相应的管理方法。

例18：国无德不兴，人无德不立。（第一卷，第168页）

译文：A country cannot prosper without virtues, nor can anyone succeed without virtue. (I, p. 187)

例19：言必信，行必果。（第一卷，第170页）

译文：Be true in word and resolute in deed. (I, p. 190)

本句最早出自于先秦时期孔子弟子及再传弟子的《论语•子路》。意思是，说话一定讲诚信，做事一定果断。"言"和"行"用作名词。"信"和"果"用作动词。两个小分句构成对称关系。

例20：非学无以广才，非志无以成学。（第一卷，第172页）

译文：One cannot enhance one's ability and wisdom if one does not work hard; neither can one succeed without ambition. (I, p. 192)

本句出自三国时期文学家诸葛亮的《诫子书》。意思是，不学习就难以增长才干，不立志就难以学有所成。

例21：勤于学习，敏于求知。（第一卷，第172页）

译文：Work hard, acquire more knowledge... (I, p. 192)

例22：学而不思则罔，思而不学则殆。（第一卷，第173页）

译文：Reading without thinking makes one muddled; thinking without reading makes one flighty. (I, p. 193)

本句出自先秦佚名的《论语》第十章。意思是，只是学习却不思考就会感到迷茫而无所适从，只是思考却不学习就会心中充满疑惑而无定见。

例 23：扎扎实实干事，踏踏实实做人。（第一卷，第 173 页）

译文：Do solid work and be an upright person. (I, p. 194)

例 24：道不可坐论，德不能空谈。（第一卷，第 173 页）

译文：The correct way needs to be pursued in practice, while morality requires no empty talk. (I, p. 194)

本句出自《传习录》。意思是，道理不可以坐着讨论，品德不能只是嘴上空谈。

例 25：天下难事，必作于易；天下大事，必作于细。（第一卷，第 174 页）

译文：Difficult things are done starting from easy ones; a great undertaking begins with minor work. (I, p. 194)

本句出自老子的《道德经》第六十三章。意思是，天下的难事都是从容易的时候发展起来的，天下的大事都是从细小的地方一步步形成的。

例 26：少壮不努力，老大徒伤悲。（第一卷，第 183 页）

译文：A young idler, an old beggar. (I, p. 203)

本句出自《乐府诗集·长歌行》。意思是，年轻力壮的时候不奋发图强，到了老年，悲伤也没用了。

例 27：玉不琢，不成器。人不学，不知义。（第一卷，第 183 页）

译文：A jade uncut will not be a useful vessel; a man without learning will not know the way. (I, p. 203)

本句出自《三字经》。意思是玉石不经过琢磨，就不能用来做器物；人不通过学习，就不懂得道理。

例 28：良药苦口利于病，忠言逆耳利于行。（第一卷，第 184 页）

译文：Good medicine tastes bitter, and good advice is harsh to the ear. (I, p. 204)

本句出自《史记·留侯世家》。意思是，直率忠诚的话听起来不愉快，但对行动有利；效用好的药吃起来虽苦，却对治病有好处。

例 29：一厂出事故、万厂受教育，一地有隐患、全国受警示。（第一卷，第 196 页）

译文：… when an accident occurs in one factory, every other factory learns the hard lesson; when a potential risk is identified in one locality, the whole country goes on the alert. (I, p. 217)

例 30：千军易得，一将难求。（第一卷，第 199 页）

译文：It is easy to muster a 1,000 man army, but hard to find a capable general. (I, p. 220)

本句出自元朝戏曲作家、散曲家马致远的《汉宫秋》。千军万马都容易招募，一个智勇双全的将领却不容易求得。

例 31：肯取势者可为人先，能谋势者必有所成。（第一卷，第 230 页）

译文：Those who are clear about the trend of the times will stand in the van, and those who can take advantage of the trend of the times are bound to succeed. (I, p. 252)

这句话出自李海波的一篇评论《势——人生谋势之道》。意思是，愿意抓住时机、善于谋划的人能够走在前面，能够谋划好形势的人必定会有所成就。

例 32：顺之则昌，逆之则亡。（第一卷，第 248 页）

译文：Those who follow it will prosper, while those who resist it will perish. (I, p. 272)

本句出自《史记·太史公自序》。意思是，顺从他的就可以存在和发展，违抗他的就叫你灭亡。

例 33：光明前进一分，黑暗便后退一分。（第一卷，第 256 页）

译文：Where light inches forward, darkness retreats. (I, p. 281)

例 34：不看金字塔，不算真正到过埃及。不看秦俑，不算真正到过中国。（第一卷，第 261 页）

译文：A visit to Egypt would not be complete without seeing the pyramids, and that a visit to China would not be complete without seeing the terracotta warriors and horses. (I, pp. 286-287)

例 35：前途是光明的，道路是曲折的。（第一卷，第 272 页）

译文：While the future is bright, the path leading to it can be tortuous. (I, p. 299)

例 36：前无古人，后启来者。（第一卷，第 280 页）

译文：... is unprecedented. (I, p. 308)

例 37：……既大处着眼、登高望远，又小处着手、积微成著。（第一卷，第 280 页）

译文：... we keep the overall situation in mind while starting with the daily routine and making constant progress. (I, p. 308)

例38：合抱之木，生于毫末；九层之台，起于累土。（第一卷，第294页）

译文：A tall tree grows from a small seedling; and the building of a nine-story tower starts with the first shovel of earth. (I, p. 322)

用语出自《老子》第六十四章。意思是，合抱的大树，生长于细小的萌芽；极高的高台，筑起于每一堆泥土；千里的远行，是从脚下第一步开始走出来的。

例39：机遇总比挑战大，办法总比困难多。（第一卷，第309页）

译文：There will always be more opportunities than challenges and more solutions than difficulties. (I, p. 340)

例40：路遥知马力，日久见人心。（第一卷，第312页）

译文：Just as distance tests a horse's strength, time will show a person's sincerity. (I, p. 343)

本句出自元朝无名氏《争报恩》第一折。意思是，路途遥远，才可以知道马的力气的大小；经历的事情多了，时间长了，才可识别人心的善恶好歹。

例41：五色交辉，相得益彰；八音合奏，终和且平。（第一卷，第315页）

译文：The matching of different colors leads to greater beauty, and the combination of different musical instruments creates harmony and peace. (I, p. 346)

本句见于中国当代著名哲学家、教育家、思想家冯友兰《国立西南联合大学纪念碑碑文》。大意是说，多种颜色交相辉映，在互相映衬下更加彰显；各种声音一起合奏，在彼此交响中达到平衡与和谐。

例42：履不必同，期于适足；治不必同，期于利民。（第一卷，第315页）

译文：People don't need to wear the same shoes; they should find what suit their feet. Governments don't have to adopt the same model of governance; they should find what benefits their people. (I, p. 346)

本句出自中国近代思想家魏源《默觚下·治篇》。意思是说，每一个人的鞋子大小不必相同，关键是要适合自己的脚；每个国家的治理方法不必雷同，关键是要有利于人民。

例43：……，既要登高望远，也要脚踏实地。（第一卷，第316页）

译文：… need to be both far-sighted and down-to-earth. (I, p. 348)

例 44：亲望亲好，邻望邻好。（第一卷，第 332 页）

译文：Neighbors wish each other well, just as loved ones do to each other. (I, p. 365)

例 45：形势决定任务，行动决定成效。（第一卷，第 335 页）

译文：The situation decides our tasks, and our actions determine their effectiveness. (I, p. 368)

例 46：一荣俱荣，一损俱损。（第一卷，第 336 页）

译文：Benefit to one means benefit to all, whereas harm to one means harm to all. (I, p. 369)

例 47：山重水复疑无路，柳暗花明又一村。（第一卷，第 344 页）

译文：When one doubts whether there is a way out from the endless mountains and rivers, one suddenly finds a village shaded by soft willows and bright flowers. (I, p. 379)

本句是宋代诗人陆游的作品《游山西村》中的一句诗，比喻在遇到困难一种办法不行时，可以用另一种办法去解决，通过探索去发现答案。

例 48：没有比人更高的山，没有比脚更长的路。（第一卷，第 346 页）

译 文：No mountain is too high for a man to scale and no road too long for a man to walk. (I, p. 382)

本句出自当代诗人汪国真的《山高路远》。这句话告诉人们一个道理：困难之山再高，奋进者的双脚都能将它攀登；人生之路再长，追求者的脚步都能将它丈量。

例 49：……胆子要大、步子要稳……（第一卷，第 348 页）

译文：… be bold enough … (I, p. 384)

例 50：……头痛医头，脚痛医脚。（第一卷，第 355 页）

译文：… a fragmented and palliative approach that only treats the symptoms. (I, p. 392)

例 51：求木之长者，必固其根本；欲流之远者，必浚其泉源。（第一卷，第 356 页）

译文：For a tree to grow tall, a strong and solid root is essential; for a river to reach far, an unimpeded source is necessary. (I, p. 393)

本句出自唐代魏徵《谏太宗十思疏》。意思是,要想树木长得高大,应当使它的根部长得稳固,要想让泉水永远畅流,必须疏通它的源头。

例 52:山积而高,泽积而长。(第一卷,第 358 页)

译文:Readiness to converge with others makes a mountain high and a river mighty. (I, p. 395)

本句源于唐代诗人刘禹锡所撰《唐故监察御史赠尚书右仆射王公神道碑》。意思是,土石日积月累形成了高耸的山,点滴积聚汇集形成了长流不断的水。

例 53:得民心者得天下,失民心者失天下。(第一卷,第 368 页)

译文:Those who win the people's hearts win the country, and those who lose the people's hearts lose the country. (I, p. 404)

本句出自《孟子·离娄上》。意思是,能够获得民众的支持和信任,就可以得到整个天下;而失去民众的支持和信任,就会失去整个天下。

例 54:祸患常积于忽微,而智勇多困于所溺。(第一卷,第 376 页)

译文:Disasters often result from neglecting the smallest things; the wise and brave are often trapped by their minor indulgences. (I, p. 414)

本句出自宋代文学家、诗人欧阳修的《伶官传序》。意思是,为人做事常常因为不注意细节而失败,聪明勇敢的人大多被他所沉溺的人或事物逼到困境。

例 55:忠言逆耳,良药苦口。(第一卷,第 377 页)

译文:Good advice is jarring to the ear, just as good medicine is bitter to the tongue. (I, p. 416)

本句摘自《三国志·吴书·吴主五子传》。原文是:"良药苦口,惟疾者能甘之。忠言逆耳,惟达者能受之。"意思是,良药苦口,只有生病的人才能品出甜味;忠言逆耳,只有通达的人才能接受规劝。

例 56:蠹众而木折,隙大而墙坏。(第一卷,第 392 页)

译文:Many worms will disintegrate wood, and a big enough crack will lead to the collapse of a wall. (I, p. 434)

本句出自《商君书·修权》。意思是,蛀虫多了,木头就要折断;缝隙大了,墙就要倒塌。

例 57：公款姓公，一分一厘都不能乱花；公权为民，一丝一毫都不能私用。（第一卷，第 394 页）

译文：Public funds must be used for public purposes, and not one cent should be spent on seeking personal gain. State power must be exercised for the people, and it must never be used as a tool for private benefit. (I, p. 438)

例 58：苟利国家生死以，岂因祸福避趋之，……（第一卷，第 405 页）

译文：… doing everything to save the country in its peril without regard to personal fortune or misfortune … (I, p. 453)

本句出自清代政治家、文学家林则徐的《赴戍登程口占示家人二首》。意思是，如果对国家有利，我可以不顾生死。难道能因为有祸就躲避、有福就上前迎受吗？

例 59：宰相必起于州部，猛将必发于卒伍。（第一卷，第 409 页）

译文：Prime ministers must have served as local officials, and great generals must have risen from the ranks. (I, p. 457)

此句出自《韩非子·显学》，意思是宰相和猛将都需要经过基层的锻炼，否则便是纸上谈兵，不利于国家的发展。

例 60：……如履薄冰，如临深渊……（第一卷，第 409 页）

译文：… as if we were treading on thin ice, and standing on the edge of an abyss. (I, p. 458)

本句出自《诗经·小雅·小旻》。意思是，好像面临深渊，好像走在薄冰上。

例 61：志之所趋，无远勿届，穷山距海，不能限也。志之所向，无坚不入，锐兵精甲，不能御也。（第一卷，第 413 页）

译文：Aspirations can reach any place however far it is, even over mountains and sea; and it can break through any defense however tough it is, even as strong as the best armor and shield. (I, p. 463)

文句出自清代学者金缨编著的《格言联璧》。意思是，一个人如果有足够的志向，他要到达的地方不论多远，他最终都能到达。穷山距海，也不能限制。一个人如果有足够的志向，他要到达的地方不论有如何坚固的防御，他总能到达。精锐之师，也不能阻挡。

例 62：疾风知劲草，烈火见真金。（第一卷，第 416 页）

译文：Sturdy grass withstands high winds; true gold stands the test of fire. (I, p. 466)

本句出自唐太宗李世民的《赠萧瑀》。意思是，在狂风中才能看出草的坚韧，在烈火中烧炼才能辨别出金子的真假。

例 63：心不动于微利之诱，目不眩于五色之惑。（第一卷，第 417 页）

译文：… resist the myriad temptations of the dazzling world … (I, p. 467)

该句是后人拼接而成，前半句出自《论语·子路》："无欲速，无见小利。欲速则不达，见小利则大事不成"；后半句出自《道德经》第十二章："五色令人目盲，五音令人耳聋，五味令人口爽。"意思是，心思不会被微小的利益所迷惑，目光也不会被五彩缤纷的诱惑所迷乱。

例 64：操千曲而后晓声，观千剑而后识器。（第一卷，第 419 页）

译文：To understand good music only after singing a thousand songs; to find a fine sword only after appreciating a thousand swords. (I, p. 469)

本句摘自南北朝文学批评家刘勰的《文心雕龙·知音》。意思是，掌握很多支乐曲之后才能懂得音乐，观察过很多柄剑之后才懂得如何识别剑器。

例 65：既要在"大事"上看德，又要在"小节"中察德。（第一卷，第 419 页）

译文：… judge an official's moral conduct in "big events" as well as in "small matters. " (I, p. 470)

例 66：骏马能历险，力田不如牛；坚车能载重，渡河不如舟。（第一卷，第 419 页）

译文：A good horse can run along dangerous paths but cannot plow the fields like an ox; a strong cart can carry heavy loads but cannot cross rivers like a boat. (I, pp. 470-471)

本句出自清代诗人顾嗣协的《杂兴八首》（之三）。意思是，骏马能长途奔驰跨越艰难险阻，但要论耕田，就比不上牛了；坚固的车子能负载很重的东西，但若要渡河，就比不上船了。

例 67：明镜所以照形，古事所以知今。（第二卷，第 32 页）

译文：Looking at the mirror we know about ourselves, reflecting on the past we know what to do now. (II, p. 32)

本句摘自三国蜀汉时至西晋官员、史学家陈寿的《三国志》。意思是,明镜是用来照人的外形的,借鉴往事是用来认识或指导今天的。

例 68:理想之光不灭,信念之光不灭。(第二卷,第 35 页)

译文:The light of our ideal will not go out and the light of our faith will not go out. (II, p. 35)

例 69:得众则得国,失众则失国。(第二卷,第 40 页)

译文:Win popular support, and you win the country; lose it, and you will lose the country. (II, p. 40)

本句出自春秋末年思想家曾参的《大学》。意思是,得到民众的支持就能得到政权,失去民众的支持就会失去政权。

例 70:功以才成,业由才广。(第二卷,第 41 页)

译文:Feats are accomplished by capable people; work develops because of achievers. (II, p. 41)

本句出自东晋史学家习凿齿的《襄阳记》。意思是,功业因有人才方能建立,事业因有人才方能发展。

例 71:人无精神则不立,国无精神则不强。(第二卷,第 47 页)

译文:A person without spirit cannot stand tall; a country without spirit cannot be strong. (II, p. 49)

例 72:心中有信仰,脚下有力量;……(第二卷,第 49 页)

译文:… belief in our hearts gives strength to our legs. (II, p. 51)

例 73:石可破也,而不可夺坚;丹可磨也,而不可夺赤。(第二卷,第 50 页)

译文:A rock can be smashed, but its pieces will still be hard; cinnabar can be ground, but its powder will still be red. (II, p. 52)

用语出自《吕氏春秋·诚廉》,意思是石头可以打碎,但改变不了它坚硬的本质;朱砂可以磨碎,但改变不了它自身的红色。石头硬度、丹砂颜色是与生俱来的,不能任意改变。

例 74:老百姓是天,老百姓是地。(第二卷,第 53 页)

译文:The people are the skies above us and the earth below us. (II, p. 55)

例 75:自知者英,自胜者雄。(第二卷,第 56 页)

译文:Heroes are those who know themselves and can surpass themselves.

(II, p. 59)

本句出自隋朝教育家、思想家王通的《中说·周公篇》。意思是,能正确估价自己的人是俊伟之人,能战胜自己的私心杂念的人是杰出之人。

例76:操其要于上,而分其详于下。(第二卷,第75页)

译文:Leaders chart the course while the people get the job done. (II, p. 77)

本句出自宋代思想家、文学家陈亮所作《中兴五论·论执要之道》。意思是,在上面掌握关键和原则,而把具体事务分给下面去做。

例77:天地之大,黎元为本。(第二卷,第79页)

译文:In a country, the people are the most important. (II, p. 83)

本句出自唐代史学家房玄龄的《晋书·宣帝纪·制曰》。意思是,天地虽然广袤无垠,但是黎民百姓才是国家的根本。

例78:图之于未萌,虑之于未有。(第二卷,第81页)

译文:Nip the problem in the bud when it is in the making; prepare yourself for risks yet to emerge. (II, p. 85)

本句出自后晋政治家刘昫的《旧唐书》。意思是,在祸患尚未萌发时就预先提防,在灾祸没有到来时未雨绸缪。

例79:分则力散,专则力全。(第二卷,第88页)

译文:Strength is weakened once divided. (II, p. 93)

本句出自唐代政治家杜佑注解《孙子兵法》。大意为,把军队分散多处,兵力会随之分散;把军队集中一处,兵力自然也就聚合。

例80:立善法于天下,则天下治;立善法于一国,则一国治。(第二卷,第119页)

译文:When the law of the land under heaven is good, there will be order in the land under heaven; when the laws of the state are good, there will be order in the state. (II, p. 127)

本句出自宋代文学家、思想家、改革家王安石的《周公》。"国"指周朝时的诸侯国。每个这样的国,都是"天下"的一部分。意思是,在天下设立好法制,天下就会太平;在一国制定好法制,一国就会太平。

例81:苟利于民不必法古;苟周于事不必循旧。(第二卷,第124页)

译文:If it is good for the people, there is no need to follow the practices of the antiquity; if it serves the matter at hand, there is no need to observe the conventions of old. (II, p. 134)

本句出自西汉初年淮南王刘安创作的散文《淮南子•氾论训》。意思是，只要对人民有好处，就不必一定要效法古人的制度；只要有助于事情的成功，就不必沿袭旧有的规矩。

例 82：法律是准绳，任何时候都必须遵循；道德是基石，任何时候都不可忽视。（第二卷，第 133 页）

译文：Law is a system of rules that we must comply with at all times; virtue is the foundation of society that should never be allowed to dissipate. (II, p. 144)

例 83：法安天下，德润人心。（第二卷，第 133 页）

译文：Law ensures social stability while virtue nourishes the mind. (II, p. 144)

例 84：弘扬真善美，打击假恶丑。（第二卷，第 134 页）

译文：… advocate the virtuous and the good, and punish the false and the evil. (II, p. 145)

例 85：……民之所好好之，民之所恶恶之。（第二卷，第 144 页）

译文：… choose to do the things that the people want to be done, avoid doing things that the people disapprove of. (II, p. 157)

例 86：一丝一粒，我之名节；一厘一毫，民之脂膏。宽一分，民受赐不止一分；取一文，我为人不值一文。（第二卷，第 148 页）

译文：[Taking] a thread of silk and a grain of rice [from the people] damages my reputation; every coin comes from their hard labor. A bit of leniency on my side will benefit the people more than one could think; if I take a coin from the people, I am not worth one myself. (II, p. 162)

本句出自清代文学家、教育家张伯行的《禁止馈送檄》。意思是，即使只是一根丝、一粒米，都关系着我的名节；哪怕是一厘钱、一毫钱，全都是老百姓的血汗。对百姓宽待一分，那么百姓所得就不止一分；向百姓多索取一文，那么我的为人便一文不值。

例 87：欲知平直，则必准绳；欲知方圆，则必规矩。（第二卷，第 151 页）

译文：Nothing can be accomplished without regulations and rules. (II, p. 164)

本句出自《吕氏春秋•自知》。意思是，要想知道平直与否，就必须借助水准墨线；要想知道方圆与否，就必须借助圆规矩尺；君主要想知道自己的过失，就必须任用直谏之士。

例88：人不以规矩则废，党不以规矩则乱。（第二卷，第154页）

译文：A person without rules will become lost, and a party without rules will fall into disorder. (II, p. 167)

例89：明制度于前，重威刑于后。（第二卷，第156页）

译文：Clarifying the rules is a prerequisite for the strict punishment of violators. (II, p. 169)

本句语出《尉缭子•战权》。意谓首先申明法令，然后使用重刑。

例90：说者无意，听者有心。（第二卷，第159页）

译文：Words once spoken are subject to the interpretation of the listener. (II, p. 173)

例91：新松恨不高千尺，恶竹应须斩万竿。（第二卷，第162页）

译文：Young pines should grow a thousand feet high, while poisoning bamboos should be cut down one by one. (II, p. 176)

本句出自唐代诗人杜甫的《将赴成都草堂途中有作先寄严郑公》。意思是，新栽的松树恨不能快速地长成千尺高树，到处乱生侵蔓的恶竹应该斩掉它一万杆。

例92：勿以善小而不为，勿以恶小而为之。（第二卷，第163页）

译文：Do not consider any virtue as unimportant, and therefore neglect it; do not consider any vice as trivial, and therefore practice it. (II, p. 178)

本俗语源自《三国志•蜀书•先主传》。意思是，不要因为善事小而不做，也不要因为恶事小就去做。

例93："明规矩"名存实亡，"潜规则"大行其道。（第二卷，第167页）

译文：The official rules earn only lip service, while the "hidden rules" prevail. (II, p. 183)

例94：……，立"明规矩"、破"潜规则"，……（第二卷，第168页）

译文：… uphold the official rules and end the reign of the "hidden rules", … (II, p. 183)

例95：……有令必行、有禁必止，……（第二卷，第181页）

译文：… ensure every order or prohibition is executed without fail, … (II, p. 199)

本句摘自《韩非子·饰邪》。意思是，命令必须执行，有禁令必须停止。

例 96：富者累巨万，而贫者食糟糠。（第二卷，第 200 页）

译文：… the huge gap between the rich and the poor. (II, p. 220)

本句出自东汉史学家、文学家班固的《汉书·食货志第四上》。意思是，秦孝公用商鞅变法，消除了井田制，广开良田，奖励耕战，这虽然不是古代治理国家的道路，但因为抓住了农业这个本业的缘故，使邻国倾覆而使自己的国家强大起来。但废除井田制，奴隶制也被废除了，身份等级的划分乱了法度。平民之中富裕家庭的财产成千累万，而贫困家庭却只能吃糠咽菜；强国兼并地盘，弱国丧失江山。

例 97：有上则有下，有此则有彼。（第二卷，第 204 页）

译文：Everything has its counterpart. (II, p. 225)

例 98：不患寡而患不均，不患贫而患不安。（第二卷，第 214 页）

译文：He is not concerned lest his people should be poor, but only lest what they have should be ill-apportioned. He is not concerned lest they should be few, but only lest they should be divided against one another. (II, p. 236)

本句出自《论语》。意思是，不担心分得少，而是担心分配得不公平公正，不担心人民生活贫穷，而担心生活不安定。

例 99：老吾老以及人之老，幼吾幼以及人之幼。（第二卷，第 214 页）

译文：Do reverence to the elders in your own family and extend it to those in other families; show loving care to the young in your own family and extend it to those in other families. (II, p. 236)

本语出自《孟子·梁惠王上》。意思是，敬爱自己家的老人，也敬爱别的老人；呵护自己的孩子，也呵护别人的孩子。

例 100：没有需求，供给就无从实现，新的需求可以催生新的供给；没有供给，需求就无法满足，新的供给可以创造新的需求。（第二卷，第 252 页）

译文：New demand generates new supply while new supply creates new demand. (II, p. 275)

例 101：金无足赤，人无完人。（第二卷，第 263 页）

译文: There is no pure gold, nor are there perfect people. (II, p. 287)

本句出自宋代江湖诗派诗人戴复古的《寄兴》。意思是,没有十全十美的事物,也指不能要求一个人没有一点缺点、错误。

例 102: 穷理以致其知,反躬以践其实。(第二卷,第 270 页)

译文: One studies everything to obtain knowledge, and proves it in practice. (II, p. 296)

本句出自宋代思想家朱熹的《四书章句集注》。意思是,通过深入探究事物的原理,掌握其内在规律,并自我检查修正,将理论运用到实践中去。

例 103: 橘生淮南则为橘,生于淮北则为枳。(第二卷,第 286 页)

译文: To the south of the Huaihe River grow oranges, while to the north grow bitter oranges. (II, p. 312)

该成语最早出自《晏子春秋·内篇杂下》。意思是,橘树生长在淮河以南的地方就是橘树,生长在淮河以北的地方就是枳树,只是叶子相像罢了。

例 104: 天视自我民视,天听自我民听。(第二卷,第 296 页)

译文: Heaven sees as the people see; Heaven hears as the people hear. (II, p. 324)

本句出自《尚书·泰誓中》。意思是,上天看到的来自百姓所看到的,上天听到的来自百姓所听到的。

例 105: ……以人民群众利益为重,以人民群众期盼为念……(第二卷,第 296 页)

译文: … put the people's interests first, bear in mind their expectations … (II, p. 324)

例 106: 非一则不能成两,非两则不能致一。(第二卷,第 303 页)

译文: One cannot be taken as two, while only two can achieve unity. (II, p. 331)

本句出自宋代学者蔡沈的《洪范皇极内篇》。意思是,没有统一就没有对立,没有对立面的斗争就不能形成统一。

例 107: 一人为仇嫌太多,百人为友嫌太少。(第二卷,第 304 页)

译文: Even one enemy is too many, and one hundred friends are too few. (II, p. 333)

例 108: 横眉冷对千夫指,俯首甘为孺子牛。(第二卷,第 318 页)

译文: … holding my head high in defiance of the enemy's attacks, bowing my head low in obedience to the people. (II, p. 347)

本句出自中国现代文学家、思想家、教育家鲁迅的《自嘲》。意思是，横眉怒对那些各路来的敌人的指责，俯下身子甘愿为老百姓做孺子牛。

例 109：世事洞明皆学问，人情练达即文章。（第二卷，第 319 页）

译文：A grasp of mundane affairs is genuine knowledge, understanding of worldly wisdom is true learning. (II, p. 348)

本句摘自《红楼梦》。意思是，明白世事，掌握其规律，这些都是学问；恰当地处理事情，懂得道理，总结出来的经验也是文章。

例 110：乐而不淫，哀而不伤。（第二卷，第 319 页）

译文：Neither grief nor joy must go to excess. (II, p. 348)

本句出自《论语·八佾》。意思是，快乐不是没有节制的，悲哀却不至于过于悲伤。

例 111：用光明驱散黑暗，用美善战胜丑恶。（第二卷，第 320 页）

译文：… dissipating darkness with light, and defeating evil with goodness and justice. (II, p. 349)

例 112：知屋漏者在宇下，知政失者在草野。（第二卷，第 335 页）

译文：The person that knows a leaking roof is the one who is under that roof; the person that knows an error of the court is the one who is not in power. (II, p. 363)

本句出自东汉思想家王充的《论衡》。含义是，知道房屋漏雨的人在房屋下，知道政治有过失的人在民间。

例 113：观古今于须臾，抚四海于一瞬。（第二卷，第 351 页）

译文：Our imagination expressed in literary and artistic creation can reach any point in time throughout history and every corner of the whole world in the blink of an eye. (II, p. 380)

本句出自西晋文学家、书法家陆机的《文赋》。意思是，艺术构思的想象具有自由性和超时空的特点，可以顷刻之间通观古今，抚念四海。

例 114：落其实者思其树，饮其流者怀其源。（第二卷，第 352 页）

译文：When we eat the fruit, we think of the tree that bore it; when we drink water, we think of its source. (II, p. 381)

本句出自南北朝后期官员、文学家庾信的《郊庙歌辞·徵调曲》。意思是，吃到树上结的果实,便想到了结果实的树;喝到河中的水,便想到了河水的源头。

例115:秉纲而目自张,执本而末自从。(第二卷,第402页)

译文:Once the key link is grasped, everything else falls into place; once the horse is before the cart, the cart will follow. (II, p. 436)

本句出自西晋时期哲学家杨泉的《物理论》。意思是,抓住总纲,渔网的网眼自然会张开,抓住根本,末节就自然会顺从。

例116:为威不强还自亡,立法不明还自伤。(第二卷,第404页)

译文:An authority that is not strong enough destroys itself; a rule that is not clear enough damages itself. (II, p. 439)

本句出自西汉文学家、思想家陆贾的《新语·至德》。意思是,没有做出使人敬畏的威力,那便只能自取灭亡;设立的法规如果不明确,那只会搬起石头砸自己的脚。

例117:和气致祥,乖气致异。(第二卷,第437页)

译文:Harmony brings good fortune, while discord leads to misfortune. (II, p. 476)

本句摘自《儿女英雄传》第二十七回。意思是,不和招致祸患,和睦带来吉祥。

例118:立天下之正位,行天下之大道。(第二卷,第462页)

译文:Ensuring the right conduct and upholding justice should be the paths to follow across the land. (II, pp. 502-503)

本句语出《孟子·滕文公下》。意思是,树立天下正确的名位,推行天下最大的道义。

例119:积力之所举,则无不胜也;众智之所为,则无不成也。(第二卷,第482页)

译文:Victory is ensured when people pool their strength; success is secured when people put their heads together. (II, p. 526)

本句出自《淮南子·主术训》。意思是,善于积聚众人的力量,就没有什么困难不能战胜;能够集中大众的智慧,就没有什么事情不能成功。

例 120：使者相望于道，商旅不绝于途。（第二卷，第 508 页）

译文：… visiting emissaries and traveling merchants jostling one another on the land … (II, p. 555)

本句出自西汉文学家、思想家司马迁的《史记·大宛列传》。意思是说，道路上的使者可以相互看见，往来做买卖的商人接连不断。

例 121：国之交在于民相亲，民相亲在于心相通。（第二卷，第 510 页）

译文：Friendship, which derives from close contacts between peoples, holds the key to sound state-to-state relations. (II, p. 558)

本句出自《韩非子·说林上》。意思是，国与国友好交往关键在于人民友谊是否深厚，而建立深厚的人民友谊，重要的是民心相通。

例 122：国家和，则世界安；国家斗，则世界乱。（第二卷，第 541 页）

译文：When countries enjoy peace, so will the world; when countries fight, the world suffers. (II, p. 592)

例 123：单则易折，众则难摧。（第二卷，第 542 页）

译文：United we stand, divided we fall. (II, p. 593)

本句摘自《魏书·列传·卷八十九》。意思是，势孤力单，容易受人欺负；人多气壮，别人不敢欺侮，然后国家才能稳固。

例 124：善学者尽其理，善行者究其难。（第二卷，第 548 页）

译文：One should be good at finding the laws of things and solving problems. (II, p. 600)

本句摘自《荀子·大略》。意思是，善于学习的人，能够透辟地认识事物的道理；善于行动的人，能够深入地探究事物的疑难。

例 125：时代是思想之母，实践是理论之源。（第三卷，第 21 页）

译文：The era is the mother of thought; practice is the fount of theory. (III, p. 28)

例 126：文化兴国运兴，文化强国运强。（第三卷，第 32 页）

译文：Our country will thrive only if our culture thrives, and our nation will be strong only if our culture is strong. (III, p. 43)

例 127：青年兴则国家兴，青年强则国家强。（第三卷，第 54 页）

译文：A nation will prosper only when its young people thrive. (III, p. 75)

例 128：治其本，朝令而夕从；救其末，百世不改也。（第三卷，第 92 页）

译文：If the root cause of a problem is addressed, there will be immediate change for the better; if only trivial matters are addressed, the problem will stay forever. (III, p. 115)

本句出自宋代文学家苏轼的《关陇游民私铸钱与江淮漕卒为盗之由》。意思是，从根本上进行治理，政令将会很迅速得到执行；只从细枝末节进行治理，经过一百代也不能有所改变。

例 129：于安思危，于治忧乱。（第三卷，第 96 页）

译 文：Be alert to danger in times of peace, and be wary of unrest in times of stability. (III, p. 120)

本句出自中国近代思想家魏源的《默觚•学篇》。意思是，在安定的时候应思虑危难，在稳定的时候要担忧动乱。

例 130：天下之势不盛则衰，天下之治不进则退。（第三卷，第 112 页）

译文：If a dynasty cannot continue to rise, it will fall; if a country cannot improve its governance, the state of order will deteriorate. (III, p. 138)

本句出自宋代大儒吕祖谦的《东莱博议》。意思是，天下的形势不强盛就会走向衰落；国家的治理不寻求发展就会面临倒退。

例 131：万物得其本者生，百事得其道者成。（第三卷，第 127 页）

译文：Plants with strong roots grow well, and efforts with the right focus ensure success. (III, p. 152)

本句出自西汉文学家刘向的《说苑》。意思是，世间万物如果保住根本就能生长，而一切事情只要符合道义就能成功。

例 132：以前我们要解决"有没有"的问题，现在则要解决"好不好"的问题。（第三卷，第 133 页）

译文：In the past, we worked to provide for people's basic needs; now we are striving to improve their quality of life. (III, p. 159)

例 133：山再高，往上攀，总能登顶；路再长，走下去，定能到达。（第三卷，第 141 页）

译文：No matter how high a mountain is, if we keep climbing, we will reach the top; no matter how long a road is, if we keep walking, we will reach the destination.

(III, p. 168)

例 134：行之力则知愈进,知之深则行愈达。（第三卷,第 181 页）

译文：Practice improves understanding and a deeper understanding guides further practice. (III, p. 213)

本句出自宋代理学家张栻的《论语解·序》。意思是,实践越多,对事物的认识就越深刻；认识越深刻,就越能指导实践发展。

例 135：方向决定前途,道路决定命运。（第三卷,第 184 页）

译文：The direction in which we advance decides our future; the path we have chosen decides our destiny. (III, p. 216)

例 136：一个时代有一个时代的问题,一代人有一代人的使命。（第三卷,第 193 页）

译文：All ages and generations have their own challenges and missions. (III, p. 227)

例 137：大道至简,实干为要。（第三卷,第 201 页）

译文：A great vision, simple and pure, requires credible actions. (III, p. 237)

例 138：相通则共进,相闭则各退。（第三卷,第 201 页）

译文：Economies make progress through exchange and interconnectivity and fall behind because of isolation and seclusion. (III, p. 237)

例 139：……要合作不要对抗,要共赢不要独占。（第三卷,第 202 页）

译文：… further cooperation and win-win development, and reject confrontation and monopoly. (III, p. 238)

例 140：聚四海之气、借八方之力。（第三卷,第 252 页）

译文：We should gather energy and strength from every part of the world. (III, p. 296)

例 141：观时而制法,因事而制礼。（第三卷,第 280 页）

译文：Laws should be made based on the developments of the times, and rituals should be instituted to meet specific needs. (III, p. 328)

本句出自《战国策·赵策二》。意思是,如果根据时代的发展制定法律,根据事情的变化制定制度,那么法律及制度就会与它们的时代和事情相适应。

例 142：尧有欲谏之鼓，舜有诽谤之木。（第三卷，第 316 页）

译文：Emperor Yao set up a drum for people to beat and offer their advice, and Emperor Shun set up wooden boards for people to write down their criticisms. (III, p. 369)

本句出自《吕氏春秋·不苟论》。意思是，尧有供想进谏的人敲击的鼓，舜有供书写批评意见的木柱。

例 143：文章合为时而著，歌诗合为事而作。（第三卷，第 323 页）

译文：Prose and poetry are composed to reflect the times and reality. (III, p. 377)

本句出自唐代诗人白居易的《与元九书》。意思是，文章应该为时事而著作，诗歌应该为现实而创作。

例 144：立志而圣则圣矣，立志而贤则贤矣。（第三卷，第 334 页）

译文：A person who aspires to be a saint will become a saint, and a person who aspires to be a sage will become a sage. (III, p. 388)

本句出自明代学者王阳明的《教条示龙场诸生》。意思是，一个人如果立志成为圣人，就会成为圣人；如果立志成为贤人，就会成为贤人。

例 145：让遵纪守法者扬眉吐气，让违法失德者寸步难行。（第三卷，第 353 页）

译文：… and ensure that law-abiding people feel proud and valued and that lawbreakers and unethical individuals suffer the consequences of their wrongdoing. (III, p. 410)

例 146：用之不觉、失之难存。（第三卷，第 360 页）

译文：But once damaged, it will struggle to recover. (III, p. 418)

本句出自唐代诗人白居易的《策林二》。意思是，不少人都是在失去了之后才会觉得珍贵，学会珍惜当下就好。

例 147：天地与我并生，而万物与我为一。（第三卷，第 360 页）

译文：Heaven and earth coexist with me; all things and I are one. (III, p. 418)

本句摘自《庄子·内篇·齐物论》。意思是，天地与我共存，而万物与我一体。

例 148：天不言而四时行，地不语而百物生。（第三卷，第 360 页）

译文：Heaven and earth do not speak, yet the seasons change and all things grow. (III, p. 418)

本自出自唐代诗人李白的《上安州裴长史书》。意思是说，天地不会说话，但不影响四季运行，也不影响百物生长。

例 149：奉法者强则国强，奉法者弱则国弱。（第三卷，第 364 页）

译文：A country is strong when its law enforcement is strong; it is weak when its law enforcement is weak. (III, p. 422)

本句摘自《韩非子·有度》。意思是，国家不会永远富强，亦不会长久贫弱。执行法度的人坚决，国家就会富强；执行法度的人软弱，国家就会贫弱。

例 150：令在必信，法在必行。（第三卷，第 364 页）

译文：The power of laws and decrees can only be established through their enforcement. (III, p. 422)

本句出自宋代文学家欧阳修《司门员外郎李公谨等磨勘改官制》。意思是，政令必须讲信用，法律必须执行。

例 151：迟日江山丽，春风花草香。（第三卷，第 373 页）

译文：The land bathes in the spring sunshine, and the wind sends the aromas of grass and flowers. (III, p. 434)

这句话出自唐代诗人杜甫创作的《绝句》。意思是，江山沐浴着春光，多么秀丽，春风送来花草的芳香。

例 152：取之有度，用之有节。（第三卷，第 375 页）

译文：Well-measured exploration and use of resources … (III, p. 436)

本句出自宋代文学家、史学家司马光的《资治通鉴》。意思是，取用资源等要有限度，使用它们要有节制，那么就时常能充足地利用。

例 153：恩德相结者，谓之知己；腹心相照者，谓之知心。（第三卷，第 398 页）

译文：People drawn to each other by kindness and virtues make good friends; people who hold together with a meeting of minds make bosom friends. (III, p. 462)

本句出自明代文学家冯梦龙的《警世通言》。意思是，施恩于人，德义相交的，可称得上知己；肝胆相照、心心相印的，可称得上知心。

例154：万物并育而不相害，道并行而不相悖。（第三卷，第434页）

译文：All living things grow side by side without harming one another; the sun, moon and seasons rotate according to their own laws without hindering each other. (III, p. 504)

本句出自《礼记·中庸》。意思是，万物同时生长而不相妨害；日月运行四时更替而不相违背。

例155：……聚沙成塔、积水成渊。（第三卷，第491页）

译文：A tower is composed of many a grain of sand, and a river is formed of many a stream. (III, p. 567)

本句出自《荀子·劝学》。意思是，聚细沙成宝塔，点点滴滴的水聚积起来，就能形成一个深潭。

例156：其作始也简，其将毕也必巨。（第三卷，第498页）

译文：A promising cause may seem simple at the beginning, yet proves great on completion. (III, p. 576)

本句出自《庄子·内篇·人间世》。意思是，一件事情在刚刚开始的时候简单细微，临近结束的时候就会变得繁复巨大。

例157：内无妄思，外无妄动。（第三卷，第507页）

译文：We will not act recklessly if we think right. (III, p. 587)

本句出自《朱子语类·学六·持守》。意思是，在内做到不妄思，即心中没有胡思乱想，在外做到不妄动，即行动上没有非分之举。

例158：……无不治之国，无不化之民。（第三卷，第508页）

译文：… the nation is under good governance and people's support is won. (III, p. 589)

本句出自宋代政治家包拯的《上殿札子》。意思是，只要法令畅通，纪律和风气自然清正，那么就没有治理不好的国家，也没有不能教化的民众。

例159：执纪者必先守纪，律人者必先律己。（第三卷，第513页）

译文：Discipline enforcers must first discipline themselves. (III, p. 594)

例160：生于忧患，死于安乐。（第三卷，第531页）

译文：One prospers in worries and hardships, and perishes in ease and comfort. (III, p. 616)

本句选自《孟子·告子下》。意思是，忧患使人发愤图强，因能得生。安逸使人好逸怠惰，因而致死。

例 161：惟以改过为能，不以无过为贵。（第三卷，第 531 页）

译文：It's admirable to correct one's mistakes, and it's not commendable not to make any mistakes. (III, p. 616)

本句出自《资治通鉴·唐纪》。意思是，不犯过错并不是真正的可贵，有了错误能够改过自新才最为重要。

例 162：天下不能常治，有弊所当革也；犹人身不能常安，有疾所当治也。（第三卷，第 534 页）

译文：To ensure lasting peace, problems must be addressed when they arise; to enjoy eternal health, people must go to the doctor when they get ill. (III, p. 619)

本句出自宋代何坦的《西畴老人常言》。大意是说，天下没有永远的安定太平，出现问题及时修正革弊，才能使国家长治久安，这就像人难免会生病，生了病就要及时对症下药进行治疗一样。

例 163：一个忘记来路的民族必定是没有出路的民族，一个忘记初心的政党必定是没有未来的政党。（第三卷，第 538 页）

译文：A nation or a party that forgets where it comes from will not grow and prosper. (III, p. 624)

例 164：君子之过也，如日月之食焉；过也，人皆见之；更也，人皆仰之。（第三卷，第 541 页）

译文：When a gentleman errs, his mistake is as visible as a solar or lunar eclipse, but when he corrects it, he is worthy of respect again. (III, p. 627)

本句摘自《论语·子张篇》。意思是，君子的过错，就像日食和月食一样：有了过错，人人都看见了；改正的时候，人人都仰望着。

例 165：天下之难持者莫如心，天下之易染者莫如欲。（第三卷，第 541 页）

译文：The hardest thing to do under heaven is to keep one's heart under control, and the easiest thing is to be lured by desire. (III, p. 627)

这句话出自宋代思想家朱熹的《四书或问》，是朱熹引用宋代哲学家吕希哲的一句话。大意是说，天下最难以把持的就是人的内心，而天下最容易受到沾染的是人的欲望。

例 166：君子之德风，小人之德草。（第三卷，第 541 页）

译文：The rulers' virtue is like wind, and commoners' like grass. (III, p. 630)

这句话出自《论语·颜渊》，大意是说，君子的德行好比是风，小人的德行好比是草，风吹在草上，草就必定跟着倒，强调了领导做好垂范表率的重要性。

例 167：人不率则不从，身不先则不信。（第三卷，第 544 页）

译文：If we fail to lead by example, others will neither trust nor follow us. (III, p. 630)

这句话出自《宋史·宋祁传》。意思是，如果自身不能作出表率，就无法让别人听从；如果不能以身作则，就不会使别人信服。

例 168：为有牺牲多壮志，敢教日月换新天。（第四卷，第 6 页）

译文：Our minds grow stronger for the martyrs' sacrifice, daring to make the sun and the moon shine in the new sky. (IV, p. 7)

这句话出自毛泽东的《七律·到韶山》。意思是，因为有这么多敢为自己伟大理想而去牺牲的人，所以能换取革命的胜利。

例 169：多打大算盘、算大账，少打小算盘、算小账，……（第四卷，第 40 页）

译文：Build a strategic vision and think about the overall situation, rather than being short-sighted and focusing only on local interests. (IV, p. 45)

例 170：德不优者，不能怀远；才不大者，不能博见。（第四卷，第 40 页）

译文：A person without virtue has no high aspirations; a person without talent has no keen insights. (IV, p. 46)

这句话出自东汉思想家王充的《论衡·卷十三·别通篇》。意思是，道德不够上乘的人，难以有崇高的信念与理想。才能在自己领域中不够突出的人，难以有渊博的知识和见解。

例 171：与天下同利者，天下持之；擅天下之利者，天下谋之。（第四卷，第 53 页）

译文：A sovereign who shares the interests of the people will have their support; a sovereign who denies the interests of the people will provoke their opposition. (IV, p. 61)

本句出自《管子》。大意是说，与天下人同利的，人们就拥护支持他；独揽天下利益的，人们就图谋对付他。

例172：能用众力，则无敌于天下矣；能用众智，则无畏于圣人矣。（第四卷，第54页）

译文：If you can employ the strength of the people, you will be invincible under Heaven; if you can employ the wisdom of the people, no sage will be cleverer than you. (IV, p. 62)

本句出自三国蜀汉时至西晋官员、史学家陈寿的《三国志》。大意是说，如果有能力充分发挥和利用众人的力量与智慧，就可以所向无敌、无所畏惧。

例173：民之所忧，我必念之；民之所盼，我必行之。（第四卷，第65页）

译文：The people's concerns are my concerns, and the people's expectations are my goals. (IV, p. 75)

例174：勇于创新者进，善于创造者胜。（第四卷，第75页）

译文：Those who are innovative and creative can always make breakthroughs and achieve victory. (IV, p. 86)

例175：大道不孤，大爱无疆。（第四卷，第100页）

译文：A noble cause is never a lonely pursuit, and compassion knows no borders. (IV, p. 115)

本句出自《论语·里仁》，原文为："德不孤，必有邻。"意思是，有道德的人不会孤立无援，必定会有同他相亲近的朋友。

例176：人无精神则不立，国无精神则不强。（第四卷，第101页）

译文：Just as inner strength is indispensable for individuals, it is also essential for nations. (IV, p. 115)

例177：物有甘苦，尝之者识；道有夷险，履之者知。（第四卷，第101页）

译文：To know the flavor of a thing, one must taste it; to know what lies ahead on a path, one must walk it. (IV, p. 115)

本句出自明代文学家刘基的《拟连珠》。意思是，任何事物都有甘苦之分，只有尝试过才会知道；天下道路都有平坦坎坷之分，只有自己走过才会明白，道出了实践出真知的道理。

例178：山凿一尺宽一尺，路修一丈长一丈。（第四卷，第129页）

译文：It was gratifying to widen and lengthen the mountain path inch by inch and foot by foot. (IV, p. 149)

例 179：慎易以避难，敬细以远大。（第四卷，第 164 页）

译文：We should manage the small and simple things with care so as to avoid difficulties and disasters. (IV, p. 189)

本句出自《韩非子·喻老》，意思是谨慎地对待容易解决的事，从而避免难以解决的事；慎重地对待细小的漏洞，从而避开大祸。

例 180：不困在于早虑，不穷在于早豫。（第四卷，第 172 页）

译文：Prior planning prevents pitfalls and proper preparation preempts perils. (IV, p. 198)

本句出自西汉文学家刘向的《说苑·谈丛》。意思是说，要想不陷入困境，就须提前谋划，要想不至于绝境，就须事先预防。

例 181：千城一面、万楼一貌。（第四卷，第 188 页）

译文：... faceless buildings and cities. (IV, p. 215)

例 182：创新不问出身，英雄不论出处。（第四卷，第 201 页）

译文：Heroes are not defined by their origins. Likewise, innovators must not be defined by their backgrounds. (IV, p. 230)

例 183：合天下之众者财，理天下之财者法。（第四卷，第 211 页）

译文：It is wealth that binds the people of a country together, and it is the law that governs the wealth of a country. (IV, p. 243)

本句出自宋代文学家、思想家、改革家王安石的《度支副使厅壁题名记》。意思是，聚合天下民众的是财富，治理天下财富的是法律。

例 184：取之有制、用之有节则裕，取之无制、用之不节则乏。（第四卷，第 212 页）

译 文：Utilized with restraint, resources will be abundant; otherwise, they will be scarce. (IV, p. 244)

本句出自明代政治家、改革家张居正的《论时政疏》。意思是，在一定时期内，国家的财富是有确定数量的。取财有限度、用财有节制，国家就会更富裕；取财无限度、用财无节制，国家就会更困乏。

例 185：祸几始作，当杜其萌；疾症方形，当绝其根。（第四卷，第 213 页）

译文：We must nip troubles in the bud and eliminate illnesses at their earliest stages. (IV, p. 246)

本句出自宋代何坦的《西畴老人常言》。意思是，在祸患刚出现时，就迅速解决于萌芽状态；当身体显示出病症时，就立刻医治以免留下病根。

例186：见出以知入，观往以知来。（第四卷，第237页）

译文：One can tell the inside of a thing by observing its outside and see future developments by reviewing the past. (IV, p. 272)

本句出自《列子·说符》。其基本含义是看见外表就可以知道内里，观察过往就可以预知未来。

例187：制度稳则国家稳，制度强则国家强。（第四卷，第251页）

译文：A country cannot remain stable and strong without a strong system. (IV, p. 288)

例188：法治兴则民族兴，法治强则国家强。（第四卷，第300页）

译文：Respect for the law contributes to the prosperity of a nation and the rise of a country. (IV, p. 347)

例189：文化兴则国家兴，文化强则民族强。（第四卷，第320页）

译文：A country will thrive only if its culture thrives, and a nation will be strong only if its culture is strong. (IV, p. 370)

例190：登高使人心旷，临流使人意远。（第四卷，第322页）

译文：From a mountain top you will enjoy a broader outlook; down by the riverside you will enjoy a pleasant prospect. (IV, p. 372)

本句出自明代思想家、学者洪应明的《菜根谭》。意思是，登上高山远望，就会使人感到心胸开阔；面对溪水沉思，就会让人心意悠远。

例191：立德树人的人，必先立己；铸魂培根的人，必先铸己。（第四卷，第326页）

译文：Those who undertake the mission of cultivating virtue and nurturing the mind must cultivate and nurture themselves first. (IV, p. 377)

例192：为世用者，百篇无害；不为用者，一章无补。（第四卷，第326页）

译文：Writings, if useful to society, are never enough even if there are more than a hundred of them; while if useless, one single page is far too many. (IV, p. 377)

本句摘自《论衡·卷三十·自纪篇》。意思是，对社会有用的，创作百篇也没有害处;对社会无用的,写一章也没有好处。

例 193:民非谷不食,谷非地不生。(第四卷,第 395 页)

译文:Without farming, no food can be produced. And without arable land, no crops can grow. (IV, p. 460)

本句出自《管子·八观》。意思是,人民没有谷物就没有吃的东西,谷物没有土地就无处生长。

例 194:一时强弱在于力,千秋胜负在于理。(第四卷,第 434 页)

译文:The powerful may get the upper hand for the time being, but justice will ultimately prevail. (IV, p. 504)

原句出自剧作家曹禺的《桥隆飙》。意思是,短时间的强弱在于力气大小,长时间的胜负在于道理。

例 195:治国常富,而乱国常贫。(第四卷,第 451 页)

译文:Stability brings a country prosperity while instability may well plunge it into poverty. (IV, p. 524)

本句出自《管子·治国》。含义是,治理得好的国家显得富足,不太平的国家必然贫穷。

例 196:寒冬阻挡不了春天的脚步,黑夜遮蔽不住黎明的曙光。(第四卷,第 459 页)

译文:Winter cannot stop the arrival of spring, and darkness can never shroud the light of dawn. (IV, p. 534)

例 197:贤良之士众,则国家之治厚;贤良之士寡,则国家之治薄。(第四卷,第 504 页)

译文:If a country has a huge pool of talent, good governance is ensured; otherwise, poor governance is unavoidable. (IV, p. 585)

本句出自《墨子·尚贤(上)》。意思是,国家中德才兼备的人众多,那么治理的基础就坚实;德才兼备的人稀少,治理的基础就薄弱。

例 198:为人民而生,因人民而兴。(第四卷,第 511 页)

译文:Our Party was born for the people and has prospered because of the people. (IV, p. 595)

例 199:……刀要在石上磨,人要在事上练……(第四卷,第 525 页)

译文：... the whetstone makes a knife sharper. (IV, p. 610)

例 200：无实事求是之意，有哗众取宠之心……（第四卷，第 527 页）

译文：... with "no intention of seeking truth from facts, but only a desire to curry favor by claptrap". (IV, p. 611)

本句摘自毛泽东的著作。

例 201：褚小者不可以怀大，绠短者不可以汲深。（第四卷，第 535 页）

译 文：A small bag cannot hold large things; a short rope cannot reach a deep well. (IV, p. 622)

本句出自《庄子•至乐》。意思是，小的囊袋装不下大东西，短的绳子汲不到深处的水。

三、层递

例 1：……，它是在改革开放 30 多年的伟大实践中走出来的，是在中华人民共和国成立 60 多年的持续探索中走出来的，是在对近代以来 170 多年中华民族发展历程的深刻总结中走出来的，是在对中华民族 5000 多年悠久文明的传承中走出来的，……（第一卷，第 39-40 页）

译文：We are able to embark on this path thanks to the great endeavors of reform and opening up made in the past 30 years and more, the continuous quest made in the 60-plus years of the PRC, a thorough review of the evolution of the Chinese nation in its 170-plus years of modern history, and carrying forward the 5,000-plus years of Chinese civilization. (I, pp. 41-42)

"30 多年——60 多年——170 多年——5000 多年"，是岁月历程的递升。

例 2：读书可以让人保持思想活力，让人得到智慧启发，让人滋养浩然之气。（第一卷，第 102 页）

译文：Reading invigorates my mind, gives me inspiration and cultivates my moral force. (I, p.114)

"保持思想活力——得到智慧启发——滋养浩然之气"，是认知境界的递升。

例 3：宣传思想部门承担这十分重要的职责，必须守土有责、守土负责、守土尽责。（第一卷，第 156 页）

译文：They should play their part well and try their best. (I, p. 175)

"有责——负责——尽责"，是认知要求的递升。

例 4：当代大学生是可爱、可信、可贵、可为的。（第一卷，第 166 页）

译文：The current generation of college students is just adorable, trustworthy and reliable, and you are bound to have a bright future. (I, p. 185)

"可爱——可信——可贵——可为"，是个人品质和能力的递升。

例 5：……克服它们、战胜它们、驾驭它们……（第一卷，第 402 页）

译文：... to resolve, manage and conquer them. (I, p. 449)

"克服——战胜——驾驭"，是能力的递升。

例 6：知之者不如好之者，好之者不如乐之者。（第一卷，第 406 页）

译文：Regarding knowledge, those who are devoted to it learn better than those who are aware of it, and those who enjoy it the most are the best students. (I, pp. 454-455)

"知之——好之——乐之"，是学习境界的递升。

例 7：我们的干部要上进，我们的党要上进，我们的国家要上进，我们的民族要上进，……（第一卷，第 407 页）

译文：If our officials, our Party, our country and our people are to make progress, ... (I, p. 456)

"干部——党——国家——民族"，是范围的递升。

例 8：这质朴的语言，集中表达了邓小平同志对党、对祖国、对人民的大爱。（第二卷，第 5 页）

译文：These simple words are a condensed expression of his infinite love for the Party, the country and the people. (II, p. 5)

"党——祖国——人民"，是范围的递升。

例 9：大力营造不敢腐、不能腐、不想腐的法治环境和政治氛围。（第二卷，第 27 页）

译文：... do not dare to be, are not able to be, and do not want to be corrupt. (II, p. 27)

"不敢——不能——不想"，是认知层次的递升。

例 10：我们世世代代都要牢记伟大长征精神、学习伟大长征精神、弘扬伟大

长征精神,……(第二卷,第 57 页)

译文:We must always remember, learn from, and carry forward the spirit of the Long March, … (II, p. 60)

"牢记——学习——弘扬",是学习要求的递升。

例 11:……观察时代、解读时代、引领时代,……(第二卷,第 66 页)

译文:… observe, interpret, and lead the times … (II, p. 69)

"观察——解读——引领",是能力的递升。

例 12:……靠自己的努力养活家庭,服务社会,贡献国家。(第二卷,第 91 页)

译文:… provide for their family on their own, serve the public, and contribute to their country. (II, p. 96)

"养活家庭——服务社会——贡献国家",是个人价值的递升。

例 13:视而使之明,听而使之聪,思而使之正。(第二卷,第 328 页)

译文:Observation fosters clear understanding; listening fosters deeper comprehension; thinking fosters sound judgment. (II, p. 356)

"视——听——思",是认知和理解过程的递升。

例 14:……而要在比较、对照、批判、吸收、升华的基础上……(第二卷,第 340 页)

译文:Instead we should make comparative and critical analysis before absorbing and extending them, … (II, p. 369)

"比较——对照——批判——吸收——升华",是认知境界的递升。

例 15:……心有所畏、言有所戒、行有所止。(第二卷,第 403 页)

译文:… are prudent in mind, word, and deed. (II, p. 438)

"心——言——行",是品德修养的递升。

例 16:历史只会眷顾坚定者、奋进者、搏击者,……(第三卷,第 54 页)

译文:History looks kindly on those with resolve, with drive and ambition, and with plenty of guts; … (III, p. 75)

"坚定——奋进——搏击",是面对时代挑战时态度的递升。

例 17:中华民族迎来了从站起来、富起来到强起来的伟大飞跃是中国人民奋斗出来的!(第三卷,第 139 页)

译文：The endeavor of the Chinese people has led to a tremendous transformation of the Chinese nation: It has stood up, become better off and grown in strength. (III, p. 165)

"站——富——强"，是发展实力的递升。

例 18：中国推动更高水平开放的脚步不会停滞！中国推动建设开放型世界经济的脚步不会停滞！中国推动构建人类命运共同体的脚步不会停滞！（第三卷，第 202 页）

译文：China will never waver in its effort to pursue higher-quality opening up. China will never falter in its effort to pursue an open world economy. And China will never relent in its effort to pursue a global community of shared future. (III, p. 239)

"更高水平开放——建设开放型世界经济——构建人类命运共同体"，是能力的递升。

例 19：……从建党的开天辟地，到新中国成立的改天换地，到改革开放的翻天覆地，……（第四卷，第 43 页）

译文：From the epoch-making founding of the CPC all the way to the establishment of the PRC that opened a brand new chapter, from the reform and opening up that brought nationwide change all the way ... (IV, p. 49)

"建党——新中国成立——改革开放"，是历史进程的递升。

例 20：……想干事、能干事、干成事……（第四卷，第 201 页）

译文：... possess the will, capacity, and determination to do solid work ... (IV, p. 231)

"想——能——成"，是能力价值的递升。

例 21：……吸引人才、留住人才、用好人才。（第四卷，第 202 页）

译文：... attract, retain and make best use of competent professionals ... (IV, p. 232)

"吸引——留住——用好"，是人才管理阶段的递升。

例 22：……用敏锐的眼光观察社会，用清醒的头脑思考人生，用智慧的力量创造未来。（第四卷，第 274 页）

译文：... observe the society with a keen eye, think about life with a sober mind, and create the future through your wisdom. (IV, p. 315)

"用敏锐的眼光观察社会——用清醒的头脑思考人生——用智慧的力量创造未来",是认知境界的递升。

例 23：入队、入团、入党,是青年追求政治进步的"人生三部曲"。(第四卷,第 277 页)

译文：Joining the Young Pioneers, the Youth League, and then the Party makes up the "trilogy of life" for aspirational young people. (IV, p. 319)

"入队——入团——入党",是个人政治进步的递升。

例 24：消未起之患,治未病之疾,医之于无事之前。(第四卷,第 295 页)

译 文：Remove health risks before they emerge and treat ailments before they are serious, thus preventing illnesses before they arise. (IV, p. 340)

"消未起之患——治未病之疾——医之于无事之前",是中医"治未病"思想的递升。

例 25：学史明理、学史增信、学史崇德、学史力行,……(第四卷,第 545 页)

译 文：… have a better understanding of our cause, firmer commitment to our ideals, higher standards of integrity, and greater determination to turn what has been learned into concrete actions. (IV, p. 634)

"明理——增信——崇德——力行",是学习教育的递升。

四、突降

例 1：……少知而迷、不知而盲、无知而乱……(第一卷,第 404 页)

译文：… bewilderment resulting from inadequate knowledge, blindness resulting from insensibility, and chaos resulting from ignorance. (I, p. 451)

"少知——不知——无知"是知识状态的递降。

例 2：……本领不足、本领恐慌、本领落后……(第一卷,第 404 页)

译文：… professional deficiencies, the dread of incompetence and outdated capabilities. (I, p. 451)

"不足——恐慌——落后"是个人能力的递降。

例 3：……而不会等待犹豫者、懈怠者、畏难者。(第三卷,第 54 页)

译文：… it (history) does not wait for the hesitant, the apathetic, or those shy of a challenge. (III, p. 75)

"犹豫者——懈怠者——畏难者"是范围的递降。

例4：……说起来重要、干起来次要、忙起来不要……（第三卷，第 258 页）

译文：… those commitments have not always been matched with action. (III, p. 302)

"说起来重要——干起来次要——忙起来不要"是某些工作或任务在重要性、执行力度和时间紧迫性上的递降。

例5：两岸同胞交流合作不能停、不能断、不能少。（第三卷，第 409 页）

译文：… exchanges and cooperation between our people on both sides must never be hampered, diminished, or stopped. (III, p. 475)

"停——断——少"是事物发展变化的递降。

例6：……优者上、庸者下、劣者汰……（第三卷，第 527 页）

译文：… promote the able, demote the incapable, and discharge the poorest performers. (III, p. 612)

"优者上——庸者下——劣者汰"是干部能力和要求的递降。

例7：……不变质、不变色、不变味，……（第四卷，第 14 页）

译文：… preserves its essence, color and character, … (IV, p. 15)

"变质——变色——变味"是食品品质的递降。

例8：有人退伍，有人落荒，有人颓唐，有人叛变，……（第四卷，第 524 页）

译文：… some may drop out, take flight, grow decadent, or turn renegade. (IV, p. 608)

"退伍——落荒——颓唐——叛变"是军人精神状况与行为选择的递降。

五、重言

例1：如果我们脱离群众，失去人民**拥护和支持**，最终也会走向失败。（第一卷，第 15-16 页）

译文：If we stray from the people and lose their **support** we will end up in failure. (I, p. 17)

例2：党的先进性和党的执政地位都不是**一劳永逸**、**一成不变**的。（第一卷，第 367 页）

译文：The Party's pioneering role and its role of governance do not **remain unchanged once acquired**. (I, p. 403)

例 3：人民**拥护和支持**是党执政的最牢固根基。（第一卷，第 368 页）

译文：Likewise, the people's **support** is the most solid foundation for the Party's governance. (I, p. 404)

例 4：人心向背关系党的**生死存亡**。（第一卷，第 368 页）

译文：Winning or losing public support is vital to the Party's **survival or extinction**. (I, p. 404)

例 5：……，形成**生动活泼**、安定团结的政治局面。（第二卷，第 41 页）

译文：…, and push for a nationwide **liveliness**, stability and unity. (II, p. 41)

例 6：……"干部干、群众看""干部着急、群众不急"。（第二卷，第 90 页）

译文：**Village officials are really busy whereas farmers remain indifferent**. (II, p. 96)

例 7：对那些**盘根错节**的复杂问题、年代久远的**遗留**问题、长期形成的惯性问题，要有燕子垒窝的恒劲、蚂蚁啃骨的韧劲、老牛爬坡的拼劲，坚持不懈，攻坚克难，善作善成。（第二卷，第 166 页）

译文：For **complex and historical** problems, and problems that **have lingered for a long time**, we must persevere and solve them one by one, till all are addressed. (II, p. 181)

例 8：中国共产党人的**初心和使命**：……（第三卷，第 1 页）

译文：**The original aspiration and mission** of Chinese Communists is … (III, p. 1)

例 9：我们要**坚忍不拔**、**锲而不舍**……（第三卷，第 23 页）

译文：We must **work with resolve and tenacity**, … (III, p. 31)

例 10：老百姓**意见大**、**怨言多**，……（第三卷，第 368 页）

译文：many public **complaints** … (III, p. 427)

例 11：……一个**和平安宁**的亚洲。（第三卷，第 467 页）

译文：… **peace and stability** across Asia. (III, p. 542)

例 12：……让**幸福和欢乐**走进每一个家庭。（第三卷，第 468 页）

译文：… bring **happiness** to all families. (III, p. 543)

例13：广大文艺工作者义**不容辞**、**重任在肩**、大有作为。（第四卷，第320页）

译文：**Take this responsibility on your shoulders** and you can accomplish a great deal. (IV, p. 370)

例14：社会保障是**保障和改善民生**、维护社会公平、**增进人民福祉**的基本制度保障。（第四卷，第341页）

译文：Social security is a system for **ensuring people's basic needs, improving their wellbeing,** and safeguarding social equity. (IV, p. 398)

六、反复

例1：苟日新，日日新，又日新。（第一卷，第51页）

译文：If you can in one day renovate yourself, do so from day to day. Yea, let there be daily renovation. (I, pp. 55-56)

例2：……一般性举措不写，重复性举措不写，纯属发展性举措不写。（第一卷，第74页）

译文：… leaving out general and repetitive measures and measures solely for enhancing development. (I, p. 81)

例3：……细功夫、苦功夫、深功夫……（第一卷，第106页）

译文：… meticulously and strenuously … (I, p. 119)

例4：我国科技发展的方向就是创新、创新、再创新。（第一卷，第123页）

译文：The direction of our scientific and technological development is innovation, innovation and more innovation. (I, p. 136)

例5：精神的力量是无穷的，道德的力量也是无穷的。（第一卷，第158页）

译文：Inner strength is infinite, as is moral strength. (I, p. 176)

例6：以青春之我，创建青春之家庭，青春之国家，青春之民族，青春之人类，青春之地球，青春之宇宙。（第一卷，第166-167页）

译文：Devoting my youth to creating a family of youth, a country of youth, a nation of youth, a mankind of youth, a planet of youth and a universe of youth. (I, p. 186)

例7：……，我们要格外关注、格外关爱、格外关心，……（第一卷，第189页）

译文：We should pay close attention to people in straitened circumstances, and extend care to them with respect and love. (I, p. 209)

例 8：文明因交流而多彩，文明因互鉴而丰富。（第一卷，第 258 页）

译文：Civilizations become richer and more colorful through exchanges and mutual learning. (I, p. 283)

例 9：我们党来自人民、植根人民、服务人民，党的根基在人民、血脉在人民、力量在人民。（第一卷，第 367 页）

译文：Our Party comes from the people, is rooted in the people, and serves the people. (I, p. 403)

例 10：……相辅相成、相互促进、相得益彰。（第二卷，第 28 页）

译文：… complement, facilitate, and benefit each other. (II, p. 28)

例 11：……人人渴望成才、人人努力成才、人人皆可成才、人人尽展其才……（第二卷，第 41 页）

译文：… everyone wants to be an achiever, all strive to be an achiever, all have the ability to be an achiever, and all are able to make best use of their talents. (II, p. 41)

例 12：……敬畏人民、敬畏组织、敬畏法纪……（第二卷，第 44 页）

译文：… and retain absolute respect for the people, the Party, law and discipline. (II, pp. 45-46)

例 13：以德修身、以德立威、以德服众，……（第二卷，第 45 页）

译文：… use virtue to cultivate oneself, establish one's authority, and win the trust of the people. (II, p. 46)

例 14：老百姓是天，老百姓是地。（第二卷，第 53 页）

译文：The people are the skies above us and the earth below us. (II, p. 55)

例 15：我们要赢得优势、赢得主动、赢得未来，……（第二卷，第 67 页）

译文：To gain competitiveness, win the initiative, seize the future, … (II, p. 70)

例 16：……人人参与、人人尽力、人人享有……（第二卷，第 79 页）

译文：… the involvement and dedication of all people and the shared enjoyment of benefits … (II, p. 83)

例 17：领导干部是否做到严以修身、严以用权、严以律己，谋事要实、创业要实、做人要实，……（第二卷，第 104-105 页）

译文：Officials must be strict with themselves in self-cultivation, in the exercise of power, and in self-discipline, and act in good faith when performing official dutics, taking initiatives, and interacting with others. (II, p. 111)

例18：我们要坚持的中国特色社会主义法治道路，本质上是中国特色社会主义道路在法治领域的具体体现；我们要发展的中国特色社会主义法治理论，本质上是中国特色社会主义理论体系在法治问题上的理论成果；我们要建设的中国特色社会主义法治体系，本质上是中国特色社会主义制度的法律表现形式。（第二卷，第128页）

译文：Our path of Chinese socialist rule of law is a specific embodiment of upholding the rule of law; our theory of Chinese socialist rule of law is a theoretical achievement in developing the rule of law; our Chinese socialist rule of law system is a legal manifestation of building the Chinese socialist system. (II, p. 138)

例19：……心中有党、心中有民、心中有责、心中有戒……（第二卷，第141页）

译文：… be loyal to the Party, be of service to the people, be aware of responsibilities, and be strict with discipline. (II, p. 154)

例20：……，决不允许上有政策、下有对策，决不允许有令不行、有禁不止，决不允许在贯彻执行中央决策部署上打折扣。（第二卷，第143页）

译文：You must never allow local policies to trump central policies, never countenance the sidelining of central decrees or prohibitions, never engage in perfunctory enforcement of the central leadership's policy decisions and plans. (II, p. 156)

例21：……，深入基层、深入群众、深入实际，……（第二卷，第144页）

译文：…, go to the villages, go to the people, find out the real situation, … (II, p. 157)

例22：对那些盘根错节的复杂问题、年代久远的遗留问题、长期形成的惯性问题，要有燕子垒窝的恒劲、蚂蚁啃骨的韧劲、老牛爬坡的拼劲，坚持不懈，攻坚克难，善作善成。（第二卷，第166页）

译文：For complex and historical problems, and problems that have lingered for a long time, we must persevere and solve them one by one, till all are addressed.

(II, p. 181)

例 23：……，多做得人心、暖人心、稳人心的工作。（第二卷，第 178 页）

译文：…, and we should do our best to win the hearts of the employees. (II, p. 196)

例 24：……，坚守真理、坚守正道、坚守原则、坚守规矩，明大德、严公德、守私德，……（第二卷，第 181 页）

译文：We want them to uphold the truth, the correct path, principles, and rules; to recognize virtue, follow social ethics, and restrict personal desires; … (II, p. 198)

例 25：……，严把政治关、品行关、作风关、廉洁关，……（第二卷，第 182 页）

译文：… be strict with officials in their political consciousness, conduct, style of work, and clean governance, … (II, p. 199)

例 26：……务必做好、务必谨慎、务必成功……（第二卷，第 192 页）

译文：… you should do all of your work well, with great care, and must succeed. (II, p. 211)

例 27：发展是一个不断变化的过程，发展环境不会一成不变，发展条件不会一成不变，发展理念自然也不会一成不变。（第二卷，第 197 页）

译文：… as development is bound to undergo changes influenced by the prevailing environment and conditions, development concepts will change accordingly. (II, p. 217)

例 28：领导工作要有专业思维、专业素养、专业方法。（第二卷，第 219 页）

译文：Professionalism is a must for officials, reflected in their way of thinking and work methods. (II, p. 241)

例 29：……，我们必须准确认识、深入认识、全面认识，……（第二卷，第 235 页）

译文：…, we must have an accurate, in-depth, and thorough understanding, … (II, p. 257)

例 30：……，要亲商、安商、富商，……（第二卷，第 264 页）

译文：… should develop an affinity with entrepreneurs, create a stable business climate for them, and help them prosper. (II, p. 288)

例 31：……有制可依、有规可守、有章可循、有序可遵。（第二卷，第 297 页）

译文：… it is carried out on the basis of proper institutions, rules, regulations, and procedures. (II, p. 325)

例 32：我国有独特的历史、独特的文化、独特的国情，……（第二卷，第 376 页）

译文：China, with its unique history, culture and conditions, … (II, p. 406)

例 33：……，引导广大教师以德立身、以德立学、以德施教。（第二卷，第 379 页）

译文：… encourage teachers to base their conduct, academic studies and teaching on ethics and standards. (II, p. 409)

例 34：实践发展永无止境，认识真理永无止境，理论创新永无止境。（第二卷，第 416 页）

译文：There is no end to practice, to seeking truth, and to theoretical innovation. (II, p. 453)

例 35：正义必胜！和平必胜！人民必胜！（第二卷，第 447 页）

译文：Justice will prevail. Peace will prevail. The people will prevail. (II, p. 486)

例 36：……，聚焦政策沟通、设施联通、贸易畅通、资金融通、民心相通，……（第二卷，第 503 页）

译文：… focusing on policy coordination, connectivity of infrastructure, unimpeded trade, financial integration and closer people-to-people ties, … (II, p. 549)

例 37：……，绿色丝绸之路、健康丝绸之路、智力丝绸之路、和平丝绸之路，……（第二卷，第 503 页）

译文：… a road of green development, of health cooperation, of innovation and of peace. (II, p. 549)

例 38：我们党深刻认识到，实现中华民族伟大复兴，必须……我们党深刻认识到，实现中华民族伟大复兴，必须……我们党深刻认识到，实现中华民族伟大复兴，必须……（第三卷，第 11-12 页）

译文：Our Party was deeply aware that, to achieve national rejuvenation, it was critical to … Our Party was deeply aware that, to achieve national rejuvenation, it was essential to … Our Party was deeply aware that, to achieve national rejuvenation, it was imperative to … (III, p. 15)

例 39：实现伟大梦想，必须……实现伟大梦想，必须……实现伟大梦想，必须……（第三卷，第 12-13 页）

译文：Realizing our great dream demands … Realizing our great dream demands … Realizing our great dream represents … (III, pp. 16-17)

例 40：功成名就时做到居安思危、保持创业初期那种励精图治的精神状态不容易，执掌政权后做到节俭内敛、敬终如始不容易，承平时期严以治吏、防腐戒奢不容易，重大变革关头顺乎潮流、顺应民心不容易。（第三卷，第 71 页）

译文：In times of success, it is not easy to guard against potential dangers and maintain the hard-working and motivated spirit our Party had in the early days of the PRC, or to remain modest and frugal and stay true to our original aspiration after coming into power. Neither is it easy to exercise strict discipline on officials and prevent and fight corruption in times of peace, nor to follow the tide of the times and respond to the wishes of the people at junctures of significant change. (III, p. 93)

例 41：我们要坚持中国共产党领导，坚持人民主体地位，坚持中国特色社会主义道路，……（第三卷，第 79 页）

译文：We must uphold the CPC's leadership, ensure that the people are the masters of the country, stay on the path of socialism with Chinese characteristics, … (III, p. 101)

例 42：伟大的中华人民共和国万岁！伟大的中国共产党万岁！伟大的中国人民万岁！（第三卷，第 79 页）

译文：Long live the great People's Republic of China! Long live the great Communist Party of China! Long live the great Chinese people! (III, p. 102)

例 43：……全面系统学、深入思考学、联系实际学，……（第三卷，第 88 页）

译文：… to study in a systematic way, to reflect on what they have learned, and to connect knowledge with reality. (III, p. 110)

例 44：……必须准确识变、科学应变、主动求变，……（第三卷，第 108 页）

译文：… requires us to accurately understand, effectively respond to, and take the initiative in seeking changes. (III, p. 133)

例45：……，必须始终与人民心心相印、与人民同甘共苦、与人民团结奋斗。（第三卷，第137页）

译文：It must always be close to the people, and work vigorously by their side through thick and thin. (III, p. 163)

例46：……解民忧、纾民怨、暖民心，……（第三卷，第138页）

译文：... to address their concerns, alleviate their grievances, and warm their hearts, ... (III, p. 164)

例47：波澜壮阔的中华民族发展史是中国人民书写的！博大精深的中华文明是中国人民创造的！历久弥新的中华民族精神是中国人民培育的！（第三卷，第139页）

译文：The magnificent history of the Chinese nation has been written by the Chinese people. The extensive and profound Chinese civilization has been created by the Chinese people. The spirit of the Chinese nation, kept fresh and alive throughout history, has been cultivated by the Chinese people. (III, p. 165)

例48：……，顺应民心、尊重民意、关注民情、致力民生，……（第三卷，第182页）

译文：... should be based on what the people support, approve of and are content with. We should comply with the people's aspirations, respect the people's opinions, be attentive to public sentiment, and be dedicated to improving people's wellbeing. (III, p. 215)

例49：中国推动更高水平开放的脚步不会停滞！中国推动建设开放型世界经济的脚步不会停滞！中国推动构建人类命运共同体的脚步不会停滞！（第三卷，第202页）

译文：China will never waver in its effort to pursue higher-quality opening up. China will never falter in its effort to pursue an open world economy. And China will never relent in its effort to pursue a global community of shared future. (III, p. 239)

例50：让老年人老有所养、老有所依、老有所乐、老有所安，……（第三卷，第345页）

译文：... to ensure care, support, recreation, and security for the elderly. (III,

p. 398)

例 51：……人人皆学、处处能学、时时可学。（第三卷，第 348 页）

译文：… people can study whenever and wherever they want to. (III, p. 402)

例 52：宜水则水、宜山则山、宜粮则粮、宜农则农、宜工则工、宜商则商。（第三卷，第 378 页）

译文：… use the water and mountain resources, grow crops, and develop agriculture, industry or business as conditions permit. (III, p. 440)

例 53：国家之魂，文以化之，文以铸之。两岸同胞同根同源、同文同种，……两岸同胞交流合作不能停、不能断、不能少。（第三卷，第 408-409 页）

译文：The soul of a nation is molded by its culture. We on the mainland and in Taiwan share the same roots, culture, and ethnic identity; … exchanges and cooperation between our people on both sides must never be hampered, diminished, or stopped. (III, p. 475)

例 54：……，全面系统学，及时跟进学，深入思考学，联系实际学。（第三卷，第 519 页）

译文：… study theory in a comprehensive, systematic and timely fashion, and apply it to practice. (III, p. 602)

例 55：学习理论最有效的办法是读原著、学原文、悟原理、强读强记，常学常新，往深里走、往实里走、往心里走，把自己摆进去、把职责摆进去、把工作摆进去，做到学、思、用贯通，知、信、行统一。（第三卷，第 519 页）

译文：The most effective way to study theory is to read original works and articles, and fully understand the principles. We need to study, remember, and ponder over subjects of learning, conduct in-depth research, and guide our daily work with study, so that learning, reflection, and application are integrated and that knowledge strengthens faith and guides practice. (III, p. 602)

例 56：中国共产党根基在人民、血脉在人民、力量在人民。（第四卷，第 9 页）

译文：In the people, the Party has its roots, its lifeblood, and its source of strength. (IV, p. 10)

例 57：……中国之问、世界之问、人民之问、时代之问，……（第四卷，第 30 页）

译 文：… questions concerning the present and future of China and its people and the wider world, … (IV, p. 36)

例 58：……无愧于党、无愧于人民、无愧于历史……（第四卷，第 48 页）

译文：… live up to the expectations of the Party, the people and history. (IV, p. 54)

例 59：无论时代如何发展，我们都要……无论时代如何发展，我们都要……无论时代如何发展，我们都要……无论时代如何发展，我们都要……（第四卷，第 75 页）

译文：Regardless of how times may change, we must … Regardless of how times may change, we must … Regardless of how times may change, we must … Regardless of how times may change, we must … (IV, pp. 85-86)

例 60：……人人愿为、人人可为、人人能为……（第四卷，第 136 页）

译文：… everybody has the desire, the ability, and the tools to help. (IV, p. 159)

例 61：……尊重劳动、尊重知识、尊重人才、尊重创造……（第四卷，第 202 页）

译文：… of respecting knowledge, hard work, talent, and creativity, … (IV, p. 232)

例 62：……牢固树立休戚与共、荣辱与共、生死与共、命运与共的共同体理念。（第四卷，第 245 页）

译文：… develop an awareness of the Chinese nation as one community of shared future, in which everyone shares rough times and the smooth together. (IV, p. 279)

例 63：……人人有责、人人尽责、人人享有……（第四卷，第 338 页）

译文：… everyone fulfills their responsibilities and shares in the benefits. (IV, p. 393)

第十五章 》》

《习近平谈治国理政》并列结构修辞格翻译

四卷《习近平谈治国理政》构成一个有机的体系,系统宏大,思想深邃,内容丰富,是习近平新时代中国特色社会主义思想的集大成之作,可谓妙笔生花、字字珠玑、言简意赅、朴实无华、出神入化、气宇轩昂。并列结构的使用是一个显著的特点。并列结构能够使文章的思路更加清晰,层次更加分明。其中,并列结构中包含的修辞格的运用是文章的点睛之笔,升华了文章的思想内容,彰显着独特的话语风格。此类并列结构中涉及的修辞格的翻译关系国家形象和治国理念的传播。上两章介绍了并列类修辞格的翻译及其译例,本章重点关注并列结构中其他修辞格的英译。

古典修辞学的代表人物亚里士多德认为修辞是一种能力,这种能力使人能够在任何议题上找到成功的劝说方式。他提出人品诉诸(Ethos)、情感诉诸(Pathos)和理性诉诸(Logos)三大修辞策略。(Aristotle,1954)作为一种修辞格,用典的目的在于挖掘和运用各类修辞资源,要么提供信息,要么诱导劝说,要么触动人心,达到"寻求认同"的沟通效果。政治文献中的修辞目的在于说服受众,改变受众的态度,促进受众的认同。

一、并列结构中比喻的翻译

比喻是借用与甲事物本质不同而又有相似之处的乙事物打比方来说明甲事物的一种修辞格。(黎运汉,盛永生,2000)比喻的分类众说纷纭,一般都包括明喻、暗喻、借喻这三种基本类型。但不同的语言学家对于比喻变式的分类有不同的看法。(黄伯荣,廖序东,2002;张斌,2008;骆小所,2004;黎运汉,盛

永生,2000)

（一）明喻

本体、喻体都出现,喻词是"像、好像、如、好似、犹如"的是明喻。

例1:从善如登,从恶如崩。（第一卷,第53页）

译文:Virtue uplifts, while vice debases. (I, p. 57)

此句出自《国语·周语下》。意思是学好像登山一样,学坏像山崩一样,比喻学好难,学坏容易。引用该句,旨在号召年轻人要始终保持积极的人生态度、良好的道德品质和健康的生活情趣。原文是两个明喻,押尾韵,结构平衡简单。翻译时,采用意译法,句式对称,两个动词的第三人称单数形式也构成形态的一致。

例2:党只有始终与人民心连心、同呼吸、共命运,……,安如泰山、坚如磐石。（第一卷,第368页）

译文:The Party must dedicate its soul and mind to the people, share their weal and woe, and rely on them to continue to … (I, p. 404)

本例把党的安稳和坚定形象化为"泰山"和"磐石",抽象的事物变得具体形象。翻译时,根据行文需要,译者保留了原文中其他两处（本例省略）引用,这两处引用的意思与这两个明喻相同,根据行文需要,译文直接省略了两个比喻。

例3:依照中国的传统,男子二十谓之弱冠,今天就是香港特别行政区的成年礼,正所谓"如竹苞矣,如松茂矣"。（第二卷,第433页）

译　文:According to China's tradition, a man enters adulthood at the age of 20. So today, we are celebrating the coming of age of the Hong Kong Special Administrative Region (HKSAR), which has grown with the vigor of a bamboo or a pine tree. (II, p. 471)

"如竹苞矣,如松茂矣"出自《诗经·小雅·斯干》。此句用于赞颂西周贵族新宫殿落成,既描绘宫殿景象,又赞颂主人美好品德,并给予主人多子多孙的祝福。原文将香港二十年繁荣发展比喻为竹苞松茂,寓意美好,富有中国文化气息。虽然在文中没有明显提到"如竹苞矣,如松茂矣"的下一句:"兄及弟矣,式相好矣,无相犹矣",但也暗含了香港同胞与内地人民是和睦一家亲的意思。翻译时,虽然两个比喻没有直译,但保留了"bamboo"和"pine tree"两种树,并使用"vigor"一词再现了原文的文化象征意义。这两种树木在英语文化中并不具有中国人所赋予的文化内涵,采用直译既恰当地再现了原文的意义,又适当地宣传了中国的传统文化,可谓一举两得。

例 4:学如弓弩,才如箭镞。(第一卷,第 51 页)

译文:Learning is the bow, while competence is the arrow. (I, p. 55)

例 5:……如履薄冰,如临深渊……(第一卷,第 409 页)

译文:… as if we were treading on thin ice, and standing on the edge of an abyss. (I, p. 458)

例 6:我们要像保护自己的眼睛一样保护生态环境,像对待生命一样对待生态环境,……(第三卷,第 374 页)

译文:We must protect this planet as we protect our own eyes, and cherish Mother Nature the way we treasure life. (III, p. 435)

例 7:……像珍视自己的眼睛一样珍视和平,像追求人生的幸福一样追求统一,……(第三卷,第 409 页)

译文:… treasure peace as they do the gift of sight, pursue reunification with the same zeal with which they pursue a better life, … (III, p. 476)

例 8:如身使臂,如臂使指。(第四卷,第 503 页)

译文:… just as the brain directs the arms and the arms employ the fingers. (IV, p. 584)

(二)暗喻

本体、喻体都出现,喻词为"是、成为、等于、变成"的是暗喻。

例 9:中国工会是中国共产党领导的工人阶级群众组织,是党联系职工群众的桥梁和纽带,是社会主义国家政权的重要社会支柱。(第一卷,第 47 页)

译文:The Chinese trade unions are workers' organizations under the leadership of the CPC, and they serve as bridges through which the Party maintains contact with workers. They are an important social pillar supporting the government in our socialist country. (I, p. 50)

本例将工会比作联系党群关系的"桥梁和纽带",比作社会主义国家政权的"支柱",将抽象的事物形象化,富有画面感,工会的作用跃然纸上。采用直译法既保留了源语的形象,又正确传达了其内涵。

例 10:网络安全和信息化是一体之两翼、驱动之双轮,……(第一卷,第 197 页)

译文:Cyber security and IT application are as important to China as wings are to a bird. (I, p. 219)

本例将"网络安全和信息化"比作"一体之两翼,驱动之双轮",是将抽象的关系形象化,阐明了网络安全和信息化在当下具有同等重要性。翻译时,省略了后一个喻体,做到了部分对应,体现了译语的简洁性。

例 11:没有和平,发展就是无源之水、无本之木。(第一卷,第 348 页)

译文:Without peace, development is out of the question, like water without a source and a tree without roots. (I, p. 384)

本例中,"没有和平的发展"这一抽象概念被比喻为"无源之水""无本之木"。"水"和"木"的形象是中西方共有的,译语中直译保留这两个形象,便于受众明白其中蕴含的道理。同时,原文的暗喻翻译成目的语的明喻,增加了介词"like"。

例 12:对党内的不正之风和腐败现象,必须坚决处理,坚持"老虎""苍蝇"一起打,受到人民群众欢迎。(第二卷,第 27 页)

译文:We must … deal with both "tigers" and "flies" (This refers to senior and junior officials guilty of corruption.) in our fight against corruption … (II, p. 27)

1952 年,毛泽东在"三反"运动中使用"大老虎"指代贪污人员。现今习近平总书记改用为"'老虎'、'苍蝇'一起打"。"老虎"指代职务级别较高的违法违纪人员,而"苍蝇"指代职务级别较低的违法违纪人员。"老虎"力大威猛,"苍蝇"污秽不堪、传播疾病,二者都会损害人民的利益。翻译中采取了直译的方式,保留了"老虎"和"苍蝇"两种动物的意象。如果意译,翻译成"punish both senior and junior officials guilty of corruption",则缺乏直译的生动色彩和文化内涵。但是对于英语读者而言,仅仅"tiger""fly"无法与贪污腐败的官员联系起来。因此,译者添加注释进行解释。这种"直译加注释"的方法既保留了源语语言和文化的特点,又兼顾了目的语读者的感受,使他们能更好地理解源语中"老虎""苍蝇"所负载的文化政治内涵。

例 13:对目前遇到的困难,有的民营企业家形容为遇到了"三座大山":市

场的冰山、融资的高山、转型的火山。(第二卷,第 261 页)

译文:Mired in the current predicament, some entrepreneurs have identified three stumbling blocks—an under-heated market, financing hurdles, and business model transformation woes. (II, p. 285)

本例将民营企业家遇到的困难比喻为三座大山,抽象的概念瞬间形象化。翻译时,采用意译法,将概括词"山"翻译为"block",正确地传达了原文的内涵;将具体词"冰山""高山""火山"意译,虽然失去了中文的形象,但正确传达了原文的内涵,满足受众的接受度。

例 14:人民既是历史的创造者,也是历史的见证者,既是历史的"剧中人",也是历史的"剧作者"。(第二卷,第 314 页)

译文:The people are both the creators and the observers of history, and both its protagonists and playwrights. (II, p. 343)

这一比喻生动展示了总书记对人民在历史进程中发挥作用的充分肯定。译者采用直译法,保留了原文的两个暗喻,将"剧中人"和"剧作者"译成"protagonists"和"playwrights",因为"protagonists"和"playwrights"都是英语已有的概念,不仅不包含中国特色的政治或文化因素,而且还押头韵,因此直译不会给目的语读者带来理解障碍。

例 15:中国经济是一片大海,而不是一个小池塘。(第三卷,第 206 页)

译文:To use a metaphor, China's economy is not a pond, but an ocean. (III, pp. 242-243)

例 16:君子之德风,小人之德草,草上之风必偃。(第三卷,第 544 页)

译文:The rulers' virtue is like wind, and commoners' virtue like grass which always bends in the direction of the wind. (III, p. 630)

二、并列结构中的拟人翻译

把物拟作人,把人拟作物,或把这一物拟作另一物的是比拟。(黎运汉、盛永生,2000)比拟可以分为拟人和拟物两种类型。《习近平谈治国理政》的拟人包括(非)生物的拟人和抽象的拟人两种。

(一)(非)生物拟人

拟人是指把一些物体、动物拟作人,使其具有人的外表、个性或情感的修辞手段。

例 17：高山低头、河水让路……（第三卷，第 150 页）

译文：… dare to break through natural barriers … (III, p. 178)

本例中，"高山"可以"低头"，"河水"可以"让路"，此处是把"高山""河水"这两个非生物赋予人的特征，当作人来写。翻译时，直接省略原文的形象表达，更加符合受众的心理接受程度。

（二）抽象的概念拟人

例 18：……，让勤奋学习成为青春远航的动力，让增长本领成为青春搏击的能量。（第一卷，第 51 页）

译文：You should make assiduous learning a driving force and competence building a resource for your youthful endeavors. (I, p. 55)

本例中，"青春"可以"远航"，可以"搏击"，此处是把"青春"这个概念赋予人的特征，当作人来写。翻译时，直接省略原文的形象表达，符合受众的心理接受程度。

三、并列结构中的夸张翻译

运用超出客观事实的语言来渲染强调某个事物的修辞手法是夸张。（胡裕树，1981）夸张是运用丰富的想象力，在客观现实的基础上有目的地放大或缩小事物的形象特征，以增强表达效果的修辞手法。

例 19：没有比人更高的山，没有比脚更长的路。（第一卷，第 346 页）

译文：No mountain is too high for a man to scale and no road too long for a man to walk. (I, p. 382)

这是中国当代诗人汪国真的现代诗《山高路远》中的两句。本例运用夸张，强化了观点，富有艺术感染力。引用这句话旨在用坚定的中国声音传递"再高的山、再长的路，只要我们锲而不舍前进，就有达到目的的那一天"这样一种信念。翻译时，采用直译，更加形象，含蓄地揭示了人的主观能动性，方便受众准确理解实际表达效果。

四、并列结构中的回环翻译

回环是运用颠倒语序组成语句形式上的回环往复以表示事物相互关系的

修辞格。(黎运汉,盛永生,2000)回环可使语句整齐匀称,能揭示事物间的辩证关系,使语意精辟警策,语言自带美感。

例 20:中国需要更多地了解世界,世界也需要更多地了解中国。(第一卷,第 5 页)

译文:China needs to learn more about the rest of the world, and the outside world needs to learn more about China. (I, p. 5)

翻译时,采用直译法,简单易懂,阐释了全球化的今天中国发展与世界的交融关系。

例 21:……,越来越成为你中有我、我中有你的命运共同体。(第一卷,第 272 页)

译文:… has increasingly emerged as a community of common destiny in which everyone has in himself a little bit of others. (I, p. 298)

运用回环,在语音方面能加强节奏,使语言富有音乐美,便于传诵;在形式方面使语言整齐,令人印象深刻;在意义方面,能一针见血地揭示事物之间相互依存、相互制约或相互对立的关系。

例 22:过去先进不等于现在先进,现在先进不等于永远先进;过去拥有不等于现在拥有,现在拥有不等于永远拥有。(第一卷,第 367 页)

译文:Even if you had played a pioneering role in the past, there is no guarantee that you will always do so; the fact that you are playing the role now does not mean that you will be progressive forever. Just because you possessed it in the past does not mean that you will own it forever. (I, p. 404)

本例包含两个回环,句式结构相同,意义深刻易懂。翻译时,并未保持汉语对称的结构,而是采用分译法,将原文的语义进行再现。结构调整后的译文增添了连接性的元素,体现了英文形合的特征。

例 23:发展是安全的基础,安全是发展的条件。(第一卷,第 356 页)

译文:Development is the foundation of security, and security is the precondition for development. (I, p. 393)

这句话深刻体现了马克思主义哲学中的对立统一规律,揭示了发展与安全之间的辩证关系。它们是既相互依存又矛盾统一的动态平衡关系。翻译时,每个小分句采用直译法,使译文内容符合受众预期。原句体现了汉语的意合特征。转换成目的语后,增加了连词"and",体现了英文的形合特征。

例24:历史是过去的现实,现实是未来的历史。(第一卷,第67页)

译文:History is about the past, while the present is the history of the future. (I, p. 73)

例25:新形势下,各级干部特别是领导干部要坚持在实践中深化学习,在学习中深化实践,……(第一卷,第118页)

译文:In the new situation today, officials at all levels, especially leading officials, should continue to learn through practice, and put what they have learned into practice, … (I, p. 130)

例26:圣人是肯做工夫的庸人,庸人是不肯做工夫的圣人。(第一卷,第174页)

译文:Sages are mediocre people who work hard, while mediocre people are sages who refuse to work hard. (I, p. 194)

例27:中国需要联合国,联合国也需要中国。(第一卷,第250页)

译文:China needs the UN and the UN needs China. (I, p. 274)

例28:法律是成文的道德,道德是内心的法律。(第二卷,第133页)

译文:Law is a set of virtues in writing; virtue represents the law in one's inner world. (II, p. 144)

例29:中国的发展离不开世界,世界的繁荣也需要中国。(第三卷,第187页)

译文:China cannot develop in isolation from the rest of the world, and the world needs China for global prosperity. (III, p. 220)

例30:江山就是人民,人民就是江山。(第四卷,第9页)

译文:The country is the people and the people are the country. (IV, p. 10)

例31:生活就是人民,人民就是生活。(第四卷,第323页)

译文:Life is the people and the people are life. (IV, p. 373)

例32:人不负青山,青山定不负人。(第四卷,第437页)

译文:If we humans do not fail nature, nature will not fail us. (IV, p. 509)

五、并列结构中的仿拟翻译

仿拟就是仿照现成的词、固定词组、句子、语篇的结构形式临时性造出新的词语、句子或语篇的修辞格。（黎运汉，盛永生，2000）

例33：中美建设新型大国关系前无古人、后启来者。（第一卷，第280页）

译文：The building of a new model of major-country relationship between China and the US is unprecedented. (I, p. 308)

例34：正是这些不健康的因素起作用，任人唯贤被丢在一边了，任人唯亲、任人唯利等问题发生了。（第一卷，第420页）

译文：Influenced by these unhealthy factors, officials are no longer appointed on their merits but by favoritism or by seeking personal gain. (I, p. 471)

这两个仿拟都属于反义仿拟：例33"前"的反义词是"后"，"古人"的反义词是"来者"，"无"的反义词虽然是"有"，但和"启"的意义也有一定的对立关系，因此根据上文的现有成语，仿造出了"后启来者"；例34利用"贤"的对立意义，仿拟了"任人唯利"。运用反义仿拟，能让原词和新词形成鲜明对比，可以凸显想表达的正确观念。翻译时，根据行文需要，例33是意译，例34是直译，正确地传达了原文的内涵。

例35：说者无意，听者有心。（第二卷，第159页）

译文：Words once spoken are subject to the interpretation of the listener. (II, p. 173)

清代项琐《黄绣球》注有谚语："言者无心，听者有意。"意思是说话的人不注意，听话的人却很留神。习近平总书记根据这一谚语，将"心"和"意"对换位置，源语和新语形成了对比。同时，将"言"改为同义词"说"，也是一种创造。翻译时采用了意译法，准确地再现了原文的意义。

六、并列结构中的典故翻译

典故指的是出自历史事件、寓言、神话、传说等一类的成语，其特点是源远流长，富含浓厚的民族色彩，广为民间使用，约定俗成。典故的翻译是《习近平谈治国理政》中的一个难点，需要弄清典故的历史文化背景和丰富的内涵，注意文化之间的差异，采取灵活恰当的翻译方法。既要准确地传达原文中的思想内容,尽量保持典故的丰富形象及文化内涵,又要考虑译入语读者的感受,保证读者能理解译文传达的真实意图,达到时政文献对外宣传的目的。(张威,2022)

例36:……以韦编三绝、悬梁刺股的毅力,以凿壁借光、鸾萤映雪的劲头……(第一卷,第59页)

译文:You should keep the perseverance and diligence in reading as related in stories of Confucius, Sun Jing and Su Qin, Kuang Heng, and Che Yin and Sun Kang. (I, p. 64)

"韦编三绝"是历史故事,该成语最早见于西汉司马迁《史记·孔子世家》。意思是孔子读《周易》,非常勤奋用功。"悬梁刺股"出自《太平御览》卷三六三引《汉书》和《战国策·秦策一》,这个成语以孙敬"头悬梁"和苏秦"锥刺股"的故事比喻废寝忘食地刻苦学习。"凿壁借光"和"囊萤映雪"分别是匡衡和车胤、孙康勤学苦读的故事。四个典故的用意显而易见,表达了习近平总书记对人民多读书的期望。四个并列典故的翻译依然保留原文的并列关系。译文不仅准确传达了四个典故的精神内涵,还增加了典故涉及的六位先贤,传播了中国名人文化。

例37:古人所说的"先天下之忧而忧,后天下之乐而乐"的政治抱负,"位卑未敢忘忧国""苟利国家生死以,岂因祸福避趋之"的报国情怀,"富贵不能淫,贫贱不能移,威武不能屈"的浩然正气,"人生自古谁无死,留取丹心照汗青""鞠躬尽瘁,死而后已"的献身精神等,……(第一卷,第405页)

译文:Our ancient scholars commented that our aspirations should be as follows: in politics, "being the first to worry about the affairs of the state and the last to enjoy oneself"; as patriots, "not daring to ignore the country's peril no matter how humble one's position" and "doing everything possible to save the country in its peril without regard to personal fortune or misfortune"; on integrity, "never being corrupted by riches and honors, never departing from principle despite poverty or humble origin, and never submitting to force or threat"; on selfless dedication, "dying with a loyal heart shining in the pages of history" and "giving all, till the heart beats its last. " (I, p. 453)

本例来自先贤诗词。六位先贤的名言,传播了正确的世界观、人生观和价值观。六句诗词的使用给受众留下深刻的印象,令人信服。翻译时,译文保留了六句的并列关系,准确传达了诗句的内涵,既达意又出彩。

七、并列结构中的四/三字格翻译

"成语化"四字格、三字格使用四字或三字组合词语或短语,形式紧凑、意义明确、节奏鲜明,是中国时政文献语言表述的一个显著特征。(张威,2022)"成语化"四字格、三字格的翻译需要结合语境进行灵活处理。

例38:各种人类文明在价值上是平等的,都各有千秋,也各有不足。世界上不存在十全十美的文明,也不存在一无是处的文明,文明没有高低、优劣之分。(第一卷,第259页)

译文:All human civilizations are equal in value, and they all have their respective strengths and weaknesses. No civilization is perfect on the planet. Nor is it devoid of merit. No single civilization can be judged superior to another. (I, p. 284)

"各有千秋"与"各有不足","十全十美"与"一无是处",构成并列结构。两组反义词配合使用,表明了文明的多样性。翻译时,采用直译,保留了原有的意义,突出文明多样性的同时,表明了总书记对人类文明的包容态度。

例39:那种以邻为壑、转嫁危机、损人利己的做法既不道德,也难以持久。(第一卷,第273页)

译文:Such practices as beggar-my-neighbor, shifting crises onto others and feathering one's nest at the expense of others are both immoral and unsustainable. (I, p. 300)

本例中,同义词"以邻为壑""转嫁危机""损人利己"的搭配使用,在意义上没多大差别,但字面上有变化,接连使用,并不让人感到重复,在语义上增强了对这种行为的谴责意味。翻译时,三个成语的并列关系保持不变,最后两个成语之间添加连词"and",符合英语的表达习惯。

例40:中国和东盟国家山水相连、血脉相亲。(第一卷,第292页)

译文:China and the ASEAN countries are close neighbors sharing kinship. (I, p. 320)

这些四字结构同义词语表示了中国与出访的国家之间友好关系,避免了重复、呆板、沉闷,表达了强烈的友好之情。翻译时,由于英语避免冗余,采用意译法再现了原文意义,但四字成语的铿锵有力略受影响。

例41:中方高度重视印尼在东盟的地位和影响,愿同印尼和其他东盟国家共同努力,使双方成为兴衰相伴、安危与共、同舟共济的好邻居、好朋友、好伙伴,⋯⋯(第一卷,第 292 页)

译文:China places great importance on Indonesia's standing and influence in ASEAN. We wish to work with Indonesia and the other ASEAN countries to ensure that China and ASEAN are good neighbors, good friends and good partners who share prosperity and security and stick together through thick and thin. ... (I, p. 320)

前三个并列四字格是后三个并列三字格的修饰语。三个三字格的翻译均采用了直译,突出了中方和印尼及其他东盟国家的亲密友好关系。前两个四字格合译为一个动宾搭配,后一个四字格采用意译法。英文两个动词短语的意义涵盖了原文中三个动词短语的意义,避免了烦琐。

例42:改革和法治如鸟之两翼、车之两轮。(第二卷,第 39 页)

译文:Reform and the rule of law are like the two wings of a bird or the two wheels of a cart. (II, p. 39)

本例中,"鸟之两翼"和"车之两轮"是并列短语。翻译时,译者采用直译的方法,将两个四字格的内容准确地传达出来。

例43:中国始终是世界和平的建设者、全球发展的贡献者、国际秩序的维护者。(第二卷,第 42 页)

译文:China is always a builder of world peace, contributor of global development, and maintainer of global order. (II, p. 42)

本例中,三个并列名词短语旨在阐明中国对世界的贡献,均采用直译法,最后一个并列体前面添加连词"and",符合英语形合的特点。

例44:我们要立足国情、立足经济社会发展水平来思考设计共享政策,既不裹足不前、铢施两较、该花的钱也不花,也不好高骛远、寅吃卯粮、口惠而实不至。(第二卷,第 216 页)

译文:Our policy design should be based on the national conditions and the future socio-economic development level. We should neither hesitate to move forward, nor be niggardly with necessary investments, nor aim too high, nor spend on deficit, nor issue empty promises without providing real gain. (II, p. 238)

本例中,"裹足不前"和"铢施两较"是并列成语。翻译时,译者采用直译的方法,将两个四字格的内容准确地传达出来。

例45:我讲要深入生活,有些同志人是下去了,但只是走马观花、蜻蜓点水,并没有带着心,并没有动真情。(第二卷,第318页)

译文:I stress "deep" here, because certain people only do it in a cursory manner, without putting their hearts into it. (II, p. 347)

本例中,"走马观花"和"蜻蜓点水"以及"并没有带着心"和"并没有动真情"构成并列结构。事实上,它们表达的意思相同:没有真诚地对待群众。直译会使句子内容重复啰唆,省译恰到好处。

例46:坚持百花齐放、百家争鸣,……(第三卷,第32页)

译文:We should follow the principle of letting a hundred flowers bloom and a hundred schools of thought contend, … (III, p. 44)

本例中,两个并列主谓短语连用。翻译时,均采用直译法,鲜明地表达了原文的文化立场。直译法既再现了原文的形象,也便于准确传达原文信息。两个并列体前面添加连词"and",符合英语的形合特征。

八、并列结构中辞格兼用现象

一种修辞方式又兼有两种或几种辞格,称为辞格兼用。辞格兼用就是两种或多种修辞格在同一个语言片段中并用,几种辞格就会形成交叉关系,表达效果也会彼此融合。这种修辞方式在文学作品中尤为常见,能够通过融合不同的修辞手法,使语言表达更加生动、形象,同时也能够突出强调某种意义或情感,使语言表达更加鲜明有力。

例47:时代是出卷人,我们是答卷人,人民是阅卷人。(第三卷,第70页)

译文:We are like examinees sitting the tests posed by this era, and the people will review our results. (III, p. 92)

本例中,拟人、排比、反复辞格并存。"时代"本来是不具备人动作和感情的事物,变成和人一样具有动作和感情的样子,拟人化之后增加了特有的具象效果。原文三个短句均采用主系表结构,营造了排比的语篇修辞效果,使句式工整,内容简洁明了,节奏明快。译文并未遵循原句中的主系表排比结构,而是通过变译的翻译技巧将这三个短句整合为一个复合句。"We are like examinees"对应"我们是答卷人",后接"时代是出卷人"的译文"sitting the tests posed by this era",解释说明了"examinees"的行为,消除了读者的阅读障碍,顺应了读者的阅读期待。第三个短句的"阅卷人"本为名词,但在译文中转换为动词"will review",并且"our results"与前面"tests"对应,最后用"and"连接两个句子构成了一个完整的复句。原文的三个并列短句转换成一个英文复合句,"we"和"the people"分别做两个分句的主语,形象、客观地表达了党群关系。这种翻译策略可以使译文更加符合英语表达的习惯和需要,采用为受众熟悉的表达方法能够增加受众对译文的亲近感,提高受众对中国大政方针的理解度。(周若婕,孙建冰,2021)

例48:……努力做到"心不动于微利之诱,目不眩于五色之惑",老老实实做人,踏踏实实干事,清清白白为官。(第一卷,第417页)

译文:Party members must …, keep alert to "resist the myriad temptations of the dazzling world", and be honest and hardworking, clean and upright. (I, p. 467)

本例中,引语与排比并行,引语本身构成了对偶,排比本身包含三个四字格成语。多辞格并用增加了语句的节奏美感效果。引语出自《论语•子路》,意思是指不要被五光十色的外界所诱惑。翻译时采用意译法,虽失去了原文的节奏,但准确传达了原文的内涵,提高受众的接受程度。

例49:要始终严格要求自己,把好权力关、金钱关、美色关,做到清清白白做人,干干净净做事,坦坦荡荡为官。(第二卷,第148页)

译文:Once in office, you must always discipline yourselves, resist the temptations of power, money and sex, and be upright, clean and honest in governance. (II, p. 162)

本例中,"权力关""金钱关""美色关"三者构成排比,最后一个字"关"连用,构成反复。后面三个分句也构成排比。翻译时,第一个排比是直译,第二个排比是意译。

例50:中国推动更高水平开放的脚步不会停滞!中国推动建设开放型世界经济的脚步不会停滞!中国推动构建人类命运共同体的脚步不会停滞!(第三卷,第202页)

译文:China will never waver in its effort to pursue higher-quality opening up.

China will never falter in its effort to pursue an open world economy. And China will never relent in its effort to pursue a global community of shared future. (III, p. 239)

本例中，三个"的脚步不会停滞"构成反复。"更高水平开放""建设开放型世界经济""构建人类命运共同体"构成层递。同时上述例子也构成了排比。翻译时，反复、层递的翻译采用直译法。反复的直译也构成了排比的直译。

例51：国家之魂，文以化之，文以铸之。两岸同胞同根同源、同文同种，……两岸同胞交流合作不能停、不能断、不能少。（第三卷，第408-409页）

译文：The soul of a nation is molded by its culture. We on the mainland and in Taiwan share the same roots, culture, and ethnic identity; … exchanges and cooperation between our people on both sides must never be hampered, diminished, or stopped. (III, p. 475)

本例中，多处构成并列结构，存在四字格、排比、反复三种修辞格。"文以化之"和"文以铸之"是四字格，"同根同源"和"同文同种"是四字格，"不能停""不能断"和"不能少"既包含反复，又包含排比。第一处四字格是意译，第二处四字格是直译。最后一个片段采用意译替代反复，依然保留了排比的形式。

例52：学习理论最有效的办法是读原著、学原文、悟原理、强读强记，常学常新，往深里走、往实里走、往心里走，把自己摆进去、把职责摆进去、把工作摆进去，做到学、思、用贯通，知、信、行统一。（第三卷，第519页）

译文：The most effective way to study theory is to read original works and articles, and fully understand the principles. We need to study, remember, and ponder over subjects of learning, conduct in-depth research, and guide our daily work with study, so that learning, reflection, and application are integrated and that knowledge strengthens faith and guides practice. (III, p. 602)

本例中，三个"原"、三个"走"、三个"摆进去"构成反复。"把自己摆进去""把职责摆进去""把工作摆进去"构成排比，"学、思、用""知、信、行"构成层递。两个反复采用变译法，排比采用变译法，第一个层递采用直译法，第二个层递采用变译法。变译法能提高受众的阅读感。

五、结语

言为心声,文如其人,译有所为。《习近平谈治国理政》代表中国话语深厚的民族文化性和思想文明性。读懂书中的修辞格,才能更好地理解其思想体系的中华文化渊源与脉络,掌握中国话语的文化价值内涵。并列结构包含丰富的修辞格。修辞格的翻译一定要选择合适的翻译方法与翻译技巧,既要准确有效地传达原文的主旨意义,又要考虑受众的实际情况,确保中国思想文化外译传播的效果。这种跨文化交流有助于增进各国之间的理解和合作,加深了国际社会对中国之路、中国之理的理解,推动全球范围内对中国特色社会主义和中华民族传统文化的认知和尊重。

第十六章 》》

结　论

　　《习近平谈治国理政》系列论著共有 4 卷,包括 379 篇语篇,共计 90 万余字,按时间先后顺序编排,主要涉及经济、政治、文化、民生、生态、外交、军事等领域,科学论述了习近平新时代中国特色社会主义思想,书籍所收入的语篇均属于政论语体,对人民群众起着宣传、鼓动的教育作用。《习近平谈治国理政》是中国叙事话语的典范,是讲好中国故事、传播中国文化的标杆。中国文化本身就提倡"和实生物,同则不继"。不同的文化元素汇聚在一起,互相比拼,互相包容,就可以生出新事物。语言是文化的重要载体。语言与文化互相影响,彼此依赖。

一、本研究的设计思路

　　在撰写过程中,笔者阅读了大量的文献,站在巨人的肩膀上,拟定了撰写思路,分理论和实践两部分,做到理实结合。理论部分围绕并列结构自身的构成,研究了并列结构的定义、并列体、并列连词、并列体的排序、并列结构的隐含动词、并列结构的动词间断、并列结构的翻译以及并列类修辞格的翻译,为读者了解并列结构搭建了一个比较系统的框架。写作内容从语言学理论过渡到翻译实践,有两个原因。

　　第一,语言学理论服务于翻译实践。语言学是关于人类语言的科学。语言的结构、语言的社会功能、语言的应用、语言的历史演变以及其他与语言有关的问题都是语言学的研究范围。显而易见,翻译实践是语言学的研究范畴之一。学习语言学可以提高译者语言分析能力、语言对比能力以及语言转换能力。学习语言知识,掌握不同语言之间的共性和规律性,发现不同语言之间的个性和差异性,可以提高翻译实践能力。翻译,不仅涉及语言单位的外延翻译,还涉及语言单位的内涵翻译。英国翻译理论家 Newmark(1982：113)曾说过："语境在所有翻译中都是最重要的因素,其重要性大于任何法规,任何理论,任何基本词义。"做翻译,不仅涉及言内之意的翻译,还涉及言外之意的翻译。总之,语言研究的方方面面是翻译实践的基础。

第二,翻译实践需要语言学理论。语言学理论的作用就是要分析语言、解释语言,做翻译就是要分析源语、解释译语,翻译就是传播语言文化。从表层看,翻译就是语言对比,而语言对比是语言学的重要研究内容,也是当今区域国别研究的热点之一。尤其是在 2021 年 5 月 31 日中共中央政治局第三十次集体学习时,习近平总书记发表重要讲话,再次强调"加强国际传播能力建设、提升中国国际话语权"之后,国际传播成为备受关注的焦点话题,并与相关学科领域形成交叉融合之势,区域国别研究就是其中之一。从深层看,翻译也是文化对比。萨丕尔-沃尔夫假说(Sapir-Whorf hypothesis),又称为语言相对论(linguistic relativity),是关于语言、文化和思维三者关系的重要理论,即在不同文化下,不同语言所具有的结构、意义和使用等方面的差异,在很大程度上影响了使用者的思维方式。综上所述,翻译实践的点点滴滴是语言研究的深化。

二、本研究的发现

进入新时代以来,中国前所未有地走进世界舞台的中央,中国与世界的关系也从未如此紧密。站在世界舞台的中央,如何讲好中国故事,如何传播中国声音,如何建立大国形象,向世界展示真实、立体、全面的中国,是每一位国民都要面对的现实问题,也是每一位国民义不容辞的责任。Lotman & Uspensky(1978)曾说过,"没有一种语言不是根植于具体的文化之中的;也没有一种文化不是以某种自然语言的结构为中心的。"习近平总书记指出,文化关乎国本、国运,文化兴则国家兴,文化强则民族强。中国文化博大精深,源远流长,要将之传播到世界各地,需要讲究策略与方法。

《习近平谈治国理政》堪称文学巨典,要读懂其中的内容,就要从读懂语言入手。言为心声,习近平总书记的语言代表了中国方案、中国智慧、中国形象、中国话语。文章之字斟句酌、文章之言简意赅、文章之言之有采,让读者觉得言之有物、言之有理、意味深长。其英译本是我们向不同文化背景的受众,在不同的文化语境下讲好中国故事的范本,也是外国受众感受中国文化、中国语言的范本。

本研究选取《习近平谈治国理政》中并列结构及其英译作为范例,进行中英对比,并试图从翻译视角进行英译解释。选取类型主要聚焦并列熟语翻译、并列类修辞格翻译、并列类修辞格译例、并列结构修辞格翻译,共整理了并列结构中包含的修辞格及其译文 400 余例。本书以点带面,期待通过四卷时政文献中并列结构及其翻译的分享,能让读者更好地领悟习近平总书记的语言风格,更好地领略中国语言的博大精深,更好地领会中国文化的语言智慧。

三、本研究的不足

在撰写本书过程中,笔者诚惶诚恐,强烈意识到才疏学浅,需要不断学习,方能略有所成。在《习近平谈治国理政》相关译例涉及的定义、分类或分析方面,难免会存在认知的偏差,或者存在译例归属不严谨的情况,有些纯属学术分歧。无可否认,书中所覆盖的一些并列结构的修辞格归属存在一定的争议。在此,恳请各位读者提出宝贵意见,以便笔者不断进步。

比如,关于成语的定义,不同的学者有不同的观点,代表性的观点有三种。第一种是以成语的综合性特征为标准。这一界定方式的代表性观点有孙维张(1989)的《汉语熟语学》、马国凡(1997)的《成语》、武占坤(2007)的《汉语熟语通论》。第二种是以成语的某一个区别性特征为标准。这一界定方式的代表性观点有周荐(1994)的《熟语的经典性与非经典性》、刘叔新(2005)的《汉语描写词汇学》、温端政(2005)的《汉语语汇学》。第三种是以认知语言学的原型范畴理论为指导,将成语看作原型范畴,凡是与原型接近的即视为成语。代表性观点有施春宏(2002)的《词义的认知模式与词义的性质及构成——兼谈成语的性质》,乔永(2006)的《成语鉴别与成语词典收词标准的量化定性研究》,唐雪凝、许浩(2010)的《认知视野下的成语再认识——从经典理论到原型理论》等。再如,反复涉及三项(含)以上并列体的,亦可以划为排比结构。笔者根据自己的理解,将这些例子归属为反复。

在信息技术发达的今天,译例的统计应该有更先进、更科学、更严谨的方法。为了系统全面地掌握书中所有篇章的思想内容和语言特征，笔者采用人工筛选的办法，保证所选语料的真实性和准确性，同时也便于笔者根据语境反复研读原文的意义。如果能结合语言学理论，运用先进的手段，建立电子语料库或在线语料库，整理工作会更加高效、全面。这是今后努力的方向。

四、前景展望

习近平总书记强调："争取国际话语权是我们必须解决好的一个重大问题。"他还从新闻传播角度专题论述了我们怎么"增强国际话语权"这一重大问题，强调指出："传播力决定影响力，话语权决定主动权。"虽然中国话语体系的建设取得了历史性的成就，但建设完善依然任重而道远。展现可信、可爱、可敬的中国形象，提升国家的文化软实力和增强国际话语权，是建设社会主义文化强国的内在要求。《习近平谈治国理政》及其英译本是中英语言对比的宝典，今后可以从语言学研究的不同视角、跨文化交际视角进行中英对比，挖掘相关译例，进行科学的解释，提升中国时政文献语言研究的传播能力。

参考文献

[1]   Abney, S. P. The English Noun Phrase in Its Sentential Aspect[D].
      Cambridge, MA: Massachusetts Institute of Technology, 1987.

[2]   Åfarli, T. A. On Sentence Structure[J]. *Lingua*, 1991, *99*(2): 235-258.

[3]   Aristotle. *Rhetoric and Poetics*[M]. New York: The Modern Library, 1954.

[4]   Chao, Yuenren. *A Grammar of Spoken Chinese*[M]. Berkeley & Los
      Angeles: University of California Press, 1968.

[5]   Chao, W. On Ellipsis[D]. Amherst: University of Massachusetts, 1987.

[6]   Chomsky, N. *Syntactic Structures*[M]. The Hague: Mouton, 1957.

[7]   Chomsky, N. *The Minimalist Programme*[M]. Cambridge, MA:
      Massachusetts Institute of Technology Press, 1995.

[8]   Dougherty, Ray. C. A Grammar of Coordinate Conjoined Structures[J].
      Language, 1970, *46*(4): 850-898.

[9]   Frazier, L. and C, Clifton. Processing Coordinate Structures[J]. *Journal of
      Psycholinguistics Research*, 2001, *29*(4): 343-370.

[10] Gazdar, G. Unbounded Dependencies and Coordinate Structures[J].
      Linguistic Inquiry, 1981, *12*(2): 155-184.

[11] Halliday, M. A. K. *An Introduction to Functional Grammar*[M]. London:
      Edward Arnold, 1994.

[12] Hankamer, J. Unacceptable Ambiguity[J]. *Linguistic Inquiry*, 1973, *4*(1):
      17-68.

[13] Heim, I. and A, Kratzer. *Semantics in Generative Grammar*[M]. New
      Jersey: Blackwell Publisher, 1997.

[14] Hoekstra, E. Expletive Replacement, Verb-Second and Coordination[J].
      The Linguistic Review, 1994, *11*(4): 285-297.

[15] Hu Jianhua, Pan Haihua and Xu Liejiong. Is There a Finite vs. Nonfinite Distinction in Chinese?[J]. *Linguistics*, 2007, *39*(6): 1117-1148.

[16] Huang, C. -T. J. Logical Relations in Chinese and the Theory of Grammar[D]. Cambridge, MA: Massachusetts Institute of Technology, 1998.

[17] Huddleston, R. , et al. *The Cambridge Grammar of the English Language*[M]. Cambridge: Cambridge University Press, 2002.

[18] Hudson, R. A. Conjunction Reduction, Gapping, and Right-node Raising[J]. *Language*, 1976, *52*(4): 535-562.

[19] Hudson, R. A. Zwicky on Heads[J]. *Journal of Linguistics*, 1987, *23*(1): 109-132.

[20] Hudson, R. A. Coordination and Grammatical Relations[J]. *Journal of Linguistics*, 1988, *24*(3): 303-342.

[21] Jackendoff, R. Gapping and Related Rules[J]. *Linguistic Inquiry*, 1971, *2*(1): 21-36.

[22] Johannessen, J. B. Partial Agreement and Coordination[J]. *Linguistic Inquiry*, 1996, *27*(4): 661-676.

[23] Johannessen, J. B. *Coordination*[M]. Oxford: Oxford University Press, 1998.

[24] Johnson, K. Bridging the Gap. Unpublished manuscript, University of Massachusetts-Amherst, 1994.

[25] Johnson, K. Gapping. Unpublished manuscript, University of Massachusetts-Amherst, 1996.

[26] Lotman, J. & Uspensky, B. A. On the Semiotic Mechanism of Culture[J]. *New Literary History*, 1978, *9*(2): 211-232.

[27] Kayne, R. *The Antisymmetry of Syntax*[M]. Cambridge, MA: MIT Press, 1994.

[28] Kempson, R. Wh-gap Binding and Gapping—A Grammar for an Input System. Working Papers in Linguistics and Phonetics. London University, 1990.

[29] Kövecses, Z. & G. Radden. Metonymy: Developing a Cognitive Linguistic View[J]. *Cognitive Linguistics*, 1998, *9*(1): 37-77.

[30] Langendoen, D. T. Acceptable Conclusions from Unacceptable Ambiguity. Paper presented at the conference "Testing Linguistic Hypothesis". University of Wisconsin, Miluswukee, Wisconsin, May 10-11,1974.

[31] Lasnik, H. and R, Fiengo. Complement Object Deletion[J]. *Linguistic Inquiry*, 1974, *5*(4): 535-571.

[32] Newmark, P. *Approaches to Translation*[M]. Cambridge: Pergamon Press, 1982.

[33] Nida, E. A. *Translating Meanings*[M]. California: San Dimas, 1983.

[34] Oirsouw, R. V. Coordinate Deletion and N-ary Branching Nodes[J]. *Linguistics*, 1983, *19*(3): 305-319.

[35] Ouhalla, J. *Introducing Transformational Grammar: From Principles and Parameters to Minimalism*[M]. Beijing: Foreign Language Teaching and Research Press, 2001.

[36] Paul, W. Verb Gapping in Chinese: A Case of Verb Raising[J]. *Lingua*, 1999, *107*(3-4): 207-226.

[37] Pollock, J. Y. Verb Movement, Universal Grammar and the Structure of IP[J]. *Linguistic Inquiry*, 1989, *20*(3): 365-424.

[38] Quirk, R. , Leech, G. et al. *A Comprehensive Grammar of the English Language*[M]. London and New York: Longman, 1985.

[39] Radford, A. *Transformational Grammar: A First Course*[M]. Beijing: Foreign Language Teaching and Research Press, 2000.

[40] Raposo, E. Case Theory and Infl-to-Comp: The Inflected Infinitive in European Portuguese[J]. *Linguistic Inquiry*, 1987, *18*(1): 85-110.

[41] Ross J. R. Gapping and the Order of Constituents[J]. *Linguistic Inquiry*, 1968, *3*(1): 101-108.

[42] Safir, K. Small Clauses as Constituents[J]. *Linguistic Inquiry*, 1983, *14*(4): 730-735.

[43] Schachter, P. Constraints on Coordination[J]. *Language*, 1977, *53*(1): 86-

103.

[44] Stillings, J. The Formulation of Gapping in English as Evidence for Variable Types in Syntactic Transformations[J]. *Linguistic Analysis*, 1975, *1*(2): 247-273.

[45] Svenonius, P. The Extended Projection of N: Identifying the Head of the Noun Phrase. Working papers in Scandinavian Syntax, 1992, 95-121.

[46] Tang, S. W. The (Non-)Existence of Gapping in Chinese and Its Implications for the Theory of Gapping[J]. *Journal of East Asian Linguistics*, 2001, *10*(3): 201-224.

[47] Williams, E. S. Across-the-Board Rule Applications[J]. *Linguistic Inquiry*, 1980, *11*(1): 31-43.

[48] Xi Jinping. *The Governance of China* (I)[M]. Beijing: Foreign Languages Press, 2014.

[49] Xi Jinping. *The Governance of China* (II)[M]. Beijing: Foreign Languages Press, 2017.

[50] Xi Jinping. *The Governance of China* (III)[M]. Beijing: Foreign Languages Press, 2020.

[51] Xi Jinping. *The Governance of China* (IV)[M]. Beijing: Foreign Languages Press, 2022.

[52] Xu, Liejiong. Remarks on VP-ellipsis in Disguise[J]. *Linguistic Inquiry*, 2003, *34*(1): 163-171.

[53] Yuasa, E. Pseudo-Subordination: A Mismatch Between Syntax and Semantics[J]. *Journal of Linguistics*, 2002, *21*(1): 1-29.

[54] Zwicky, A. Heads[J]. *Journal of Linguistics*, 1985, *21*(1): 1-29.

[55] 艾迪生·维斯理·朗文出版公司辞典部. 当代高级英语辞典 [Z]. 北京: 商务印书馆, 1998: 45.

[56] 蔡力坚. 中文特有并列结构的英译处理 [J]. 中国翻译, 2021, 42(4): 158-165.

[57] 陈池华. 汉英并列结构对比研究 [M]. 北京: 中国社会科学出版社, 2019.

[58] 陈锡喜. 平易近人——习近平的语言力量 [M]. 上海：上海交通大学出版社，2014.

[59] 储泽祥. 汉语联合短语研究 [M]. 长沙：湖南大学出版社，2002.

[60] 邓思颖. 经济原则和汉语没有动词的句子 [J]. 现代外语，2002，25（1）：1-13.

[61] 邓炎昌，刘润清. 语言与文化：英汉语言文化对比 [M]. 北京：外语教学与研究出版社，1989.

[62] 邓云华，储泽祥. 英汉联合短语的共性研究 [J]. 外语与外语教学，2005，27（2）：25-29.

[63] 邓中敏，曾剑平. 政治话语重复修辞的翻译——以《习近平谈治国理政》为例 [J]. 中国翻译，2020，41（5）：136-144.

[64] 丁声树. 现代汉语语法讲话 [M]. 北京：商务印书馆，1961.

[65] 范晓. 汉语的短语 [M]. 北京：商务印书馆，1991.

[66] 冯小宸，朱义华. 《习近平谈治国理政》用典翻译的文学性效果研究 [J]. 民族翻译，2022，15（6）：29-36.

[67] 郭隆生. 谈谈英语中的假并列结构 [J]. 语言教育，1991，5（1）：16-17.

[68] 郝连儒. 习近平讲话的语言风格对高校思想政治理论课话语体系建设的启示 [J]. 思想教育研究，2017，29（9）：85-88.

[69] 何南林. 汉英语言思维模式对比研究 [M]. 济南：齐鲁书社，2006.

[70] 何善芬. 英汉语言对比研究 [M]. 上海：上海外语教育出版社，2002.

[71] 胡丹，张春波，张雨梅. 习近平总书记的语言风格及内涵要义 [J]. 党史文苑，2024，43（7）：47-49.

[72] 胡裕树. 现代汉语（重订本）[M]. 上海：上海教育出版社，1981.

[73] 黄伯荣，廖序东. 现代汉语·下册 [M]. 北京：高等教育出版社，2002.

[74] 姜琼. 习近平谈治国理政（第三卷）熟语运用研究 [D]. 保定：河北大学，2022.

[75] 贾信信. 从宏观层面和微观层面谈英汉语言对比 [J]. 英语广场，2020，20（19）：59-61.

[76] 黎锦熙，刘世儒. 联合词组和联合辅具 [M]. 上海：上海教育出版社，

1985.

[77] 黎运汉,盛永生.汉语修辞学[M].广州:广东教育出版社,2000.

[78] 李长栓.汉语中的"重言"修辞方法及其在英译中的处理[J].民族翻译,2022,15(2):5-12.

[79] 李成明,杨洪娟.英汉语言对比分析[M].徐州:中国矿业大学出版社,2013.

[80] 李丹弟.语序类型中的并列连词参项[J].语言研究,2016,36(1):80-85.

[81] 李雪.连词"和"与"and"的比较分析[EB/OL].(2005-06-22)[2024-09-11].http://www.jwc.ytnc.edu.cn/jpk/kc/2005/%E8%AF%AD%E8%A8%80%E5%AD%A6%E6%A6%82%E8%AE%BA/gailun/neirong/jiaoyan/lihaiying/4.doc

[82] 李瑞华.英汉语言文化对比研究论文集[M].上海:上海外语教育出版社,1996.

[83] 李英哲,卢卓群.汉语连词发展过程中的若干特点[J].湖北大学学报:哲社版,1997,24(4):49-55.

[84] 李占炳.并列结构的类型学研究[M].北京:商务印书馆,2019.

[85] 廖秋忠.现代汉语并列名词性成分的顺序[C]//廖秋忠.廖秋忠文集.北京:北京语言学院出版社,1992.

[86] 连淑能.英汉对比研究[M].北京:高等教育出版社,2010.

[87] 刘法公,张从孝.汉英并列词语顺序比较与原理[J].外语与外语教学,1996,18(3):31-34.

[88] 刘静雯.《翻译与创造力》(节选)英汉翻译实践报告——信息类文本中并列结构的翻译[D].沈阳:沈阳师范大学,2022.

[89] 刘宓庆.汉英对比研究与翻译[M].南昌:江西教育出版社,1991.

[90] 刘宓庆.新编汉英对比与翻译[M].北京:中国对外翻译出版社,2006.

[91] 刘叔新.汉语描写词汇学[M].北京:商务印书馆,2005.

[92] 刘志辉.平易近人——习近平的语言力量(军事卷)[M].上海:上海交通大学出版社,2017.

[93]　林语堂．论东西思想法之不同［M］// 刘慧英．林语堂自传：自传拾遗（第一卷）．南京：江苏文艺出版社，1994：211.

[94]　骆小所．现代修辞学［M］．昆明：云南人民出版社，2004.

[95]　吕叔湘．汉语语法分析问题［M］．北京：商务印书馆，1979.

[96]　吕天石．英语语法纲要［M］．南京：江苏教育出版社，1984.

[97]　马国凡．成语［M］．呼和浩特：内蒙古人民出版社，1997.

[98]　孟晨迪．《习近平谈治国理政》语言风格探究［D］．武汉：华中科技大学，2017.

[99]　潘文国．汉英语对比纲要［M］．北京：北京语言大学出版社，1997.

[100]　乔永．成语鉴别与成语词典收词标准的量化定性研究［J］．语文研究，2006，27（4）：30-34.

[101]　邱艳春．英汉并列结构之比较［J］．太原城市职业技术学院学报，2005，7（2）：171-172.

[102]　人民日报评论部．习近平用典（第一辑）［M］．北京：人民日报出版社，2018.

[103]　人民日报评论部．习近平用典（第二辑）［M］．北京：人民日报出版社，2018.

[104]　人民日报评论部．习近平用典（第三辑）［M］．北京：人民日报出版社，2020.

[105]　人民日报评论部．习近平用典（第四辑）［M］．北京：人民日报出版社，2020.

[106]　人民日报评论部．习近平讲故事［M］．北京：人民日报出版社，2017.

[107]　人民日报评论部．习近平讲故事（第二辑）［M］．北京：人民日报出版社，2022.

[108]　人民日报评论部．习近平讲党史故事［M］．北京：人民日报出版社，2021.

[109]　任学良．汉英比较语法［M］．北京：中国社会科学出版社，1981.

[110]　施春宏．词义的认知模式与词义的性质及构成——兼谈成语的性质［J］．辞书研究，2002，24（6）：11-19.

[111]　苏格．平易近人——习近平的语言力量（外交卷）［M］．上海：上海交

通大学出版社,2018.

[112] 苏悦. 翻译目的论视角下《习近平谈治国理政》语言风格及其翻译研究 [D]. 大连:大连外国语大学,2020.

[113] 孙锐. 辩证思维影响下的汉语对偶句及其英译技巧 [J]. 安徽工业大学学报:社会科学版,2007,24(4):59-61.

[114] 孙维张. 汉语熟语学 [M]. 长春:吉林教育出版社,1989.

[115] 唐雪凝,许浩. 认知视野下的成语再认识——从经典理论到原型理论 [J]. 东岳论丛,2010,31(10):188-192.

[116] 王金安. 英汉对比的微观与宏观研究 [J]. 桂林航天工业高等专科学校学报,2002,7(2):46-49.

[117] 王力. 中国语法理论 [M]. 北京:商务印书馆,1986.

[118] 王琳琳,蒋平. 再论英汉并列结构的语序及翻译策略 [J]. 解放军外国语学院学报,2013,36(3):63-68,128.

[119] 王硕,肖芳. 习近平语言艺术研究综述 [J]. 湖北科技学院学报,2023,43(6):60-68.

[120] 王寅. 认知语言学 [M]. 上海:上海外语教育出版社,2009.

[121] 温端政. 汉语语汇学 [M]. 北京:商务印书馆,2005.

[122] 吴洁敏. 汉英语法手册 [M]. 北京:知识出版社,1982.

[123] 吴静,石毓智. 英汉并列结构的语法共性与个性 [J]. 外语学刊,2005,28(3):51-59.

[124] 吴阳. 英汉并列结构的比较与翻译 [D]. 长沙:湖南师范大学,2003.

[125] 伍雅清. 论英语与汉语的形合和意合的差异 [J]. 英汉语比较与翻译,1994,1(1):151-161.

[126] 武占坤. 汉语熟语通论(修订版)[M]. 保定:河北大学出版社,2007.

[127] 习近平. 习近平谈治国理政(第一卷)[M]. 北京:外文出版社,2014.

[128] 习近平. 习近平谈治国理政(第二卷)[M]. 北京:外文出版社,2017.

[129] 习近平. 习近平谈治国理政(第三卷)[M]. 北京:外文出版社,2020.

[130] 习近平. 习近平谈治国理政(第四卷)[M]. 北京:外文出版社,2022.

[131] 邢福义. 汉语语法三百问 [M]. 北京:商务印书馆,2003.

[132] 邢公畹译. 句法结构 [M]. 北京:中国社会科学出版社,1979.

[133] 谢红桂.现代汉语三项并列名词性成分的顺序 [D].长沙:湖南师范大学,2007.

[134] 熊文华.论聚合短语的分类 [J].河池师专学报,1994,17(4):84-91.

[135] 徐士珍.英汉语比较语法 [M].郑州:河南教育出版社,1985.

[136] 许钧.翻译与现代汉语的建设 [J].英语研究,2023,22(1):12-20.

[137] 许渊冲.国际翻译学新探:自成一派的文学翻译理论 [M].天津:百花文艺出版社,2005.

[138] 薛锦.英汉语言对比分析和研究 [M].汕头:汕头大学出版社,2019.

[139] 杨萌萌,胡建华.“和”的句法 [J].语言教学与研究,2018,40(3):58-70.

[140] 杨勇.现代汉语“X 和 Y”构式的假并列性研究 [J].科教导刊,2021,13(13):29-31.

[141] 杨勇.现代汉语假并列性结构研究 [J].黑龙江教师发展学院学报,2022,41(4):111-113.

[142] 杨自俭,李瑞华.英汉对比研究论文集 [M].上海:上海外语教育出版社,1990.

[143] 叶蜚声,徐通锵.语言学纲要 [M].北京:北京大学出版社,1997.

[144] 张宝林.连词的再分类:词类问题考察 [M].北京:北京语言学院出版社,1996.

[145] 张斌.现代汉语虚词词典 [M].北京:商务印书馆,2001.

[146] 张斌.新编现代汉语 [M].上海:复旦大学出版社,2008.

[147] 张和友,邓思颖.论“是”与“yes” [J].现代外语,2011,34(2):111-118.

[148] 张今,陈云清.英汉比较语法纲要 [M].北京:商务印书馆,1981.

[149] 张威.汉英翻译教程 [M].北京:外语教学与研究出版社,2022.

[150] 张秀娟.汉英并列结构语序对比 [EB/OL].(2022-07-26)[2024-05-22].https://www.wenmi.com/article/pv8h7i03gwr5.html

[151] 张艳.汉语并列结构和假并列结构研究 [D].长沙:湖南大学,2014.

[152] 张彦群,辛长顺.并列结构组成成分排序原则及原因初探 [J].天中学刊,2002,17(4):69-73.

[153] 赵世开. 英汉对比中微观和宏观的研究 [J]. 外国语文教学,1985,6(1):34-41.

[154] 赵世开. 汉英对比语法论集 [M]. 上海:上海外语教育出版社,1999.

[155] 赵元任. 汉语口语语法 [M]. 北京:商务印书馆,1979.

[156] 赵志毅. 英汉语法比较 [M]. 西安:陕西人民出版社,1981.

[157] 中共中央宣传部,中央广播电视总台. 平语近人:习近平总书记用典 [M]. 北京:人民出版社,2019.

[158] 中共中央宣传部,中央广播电视总台. 平语近人:习近平喜欢的典故(第二季)[M]. 北京:人民出版社,2021.

[159] 中国社会科学院语言研究所词典编辑室. 现代汉语词典 [Z]. 第7版. 北京:商务印书馆,2020.

[160] 周荐. 熟语的经典性和非经典性 [J]. 语文研究,1994,15(3):33-38.

[161] 周若婕,孙建冰. 新修辞受众理论观照下的政治话语外宣翻译策略研究——以《习近平谈治国理政》英译为例 [J]. 北京城市学院学报,2021,23(6):71-76.

[162] 周志培,冯文池. 英汉语比较与科技翻译 [M]. 上海:华东理工大学出版社,1995.

[163] 周志培. 汉英对比与翻译中的转换 [M]. 上海:华东理工大学出版社,2003.

[164] 朱德熙. 语法讲义 [M]. 北京:商务印书馆,1982.

[165] 祝朝伟.《习近平谈治国理政》典故英译方法及对外宣翻译的启示 [J]. 外国语文,2020,36(3):83-90.

[166] 筠珞笙. 高级英语并列类修辞格 [EB/OL]. (2022-12-06)[2023-11-13]. https://mp.weixin.qq.com/s?__biz=Mzk0MjQyMDY4MA==&mid=2247484501&idx=3&sn=174d43ae1e1e549a67e1859576bbdc11&chksm=c2c223f2f5b5aae4e9a98df4c4b87949b2c79bc832cbba9c65103247ecb6eef0cfe4ecfa1861&mpshare=1&scene=23&srcid=07248Hc6XfqCZpKlX6o61JAF&sharer_shareinfo=772c91e359512a035949816a6d0df025&sharer_shareinfo_first=772c91e359512a035949816a6d0df025#rd

[167] 单展翼凤凰. 平行结构与并列结构的差异 [EB/OL]. (2022-05-08)

[2023-06-18]. https://mp. weixin. qq. com/s?__biz=MzI1ODkxODUxN
A==&mid=2247485212&idx=1&sn=675a556ad5eb3b2f9dd2a8c92be13
0d5&chksm=ea019601dd761f17a450e988aab335aae017c2e1ff722686a8c
7c9c9456decfe695be2dd0442&mpshare=1&scene=23&srcid=0728YwQ
A0ohJPBqtswVyOWoA&sharer_shareinfo=815172b39d5a35ce8cabaaf443
fca8da&sharer_shareinfo_first=815172b39d5a35ce8cabaaf443fca8da#rd

[168] 山水. 英汉修辞对比 [EB/OL]. (2020-07-21) [2024-01-16]. https://
www. docin. com/p-2410270967. html

后　记

学之所成,离不开诸位老师、同事的指导与鼓励,尤其是领我进入英语学习和语言学学习的两位恩师。

首先感谢引路人李秀娥老师。依然清晰地记得高三那年,刚刚退休的李老师接管我们班的英语教学。那时的我,年幼不懂何为教学。但上了大学以后,尤其是自己教学以后,猛然发现当年李老师的教学理念不是纯粹的题海讲练,而是思维拓展。她在课堂上反复提及中英语言、文化以及思维的对比。诚然,那时的我只是盲目地崇拜,并没有意识到老师这样做的意图。高考填报志愿时,我父母让我去找李老师,李老师直接推荐我读师范学校的英语专业。如她所料,如我所愿,英语成了我的专业。她是我的恩人。

其次,感谢领路人胡建华老师。依然清晰地记得研二那年,刚刚加入湖南大学的胡老师担任我的导师。那时的我,尚不懂毕业论文的选题方向。是胡老师的课,让我体会了句法学的魅力。尤其是胡老师用不同的理论演示同一语言实例,就像运用一个数学公理解答一道应用题,最后得出两个不同的结论。他敏锐缜密的思维以及高屋建瓴的指导点燃了我对英汉对比的热情,坚定了我的写作方向。每每遇到写作瓶颈的时候,总是第一时间向导师寻求帮助。胡老师虽然身处异地,但是总在第一时间给予指导,并鼓励我继续查阅文献。反复研读文献就会产生写作的灵感,就会找到问题的答案。这是我喜欢并列结构的渊源。他是我的贵人。

然后,感谢我的同路人。他们是我从教以后遇到的同事、深交的学生、相关文献涉及的诸位学者。李强同学是英国兰卡斯特大学博士,帮助我优化写作的思路。当然,还有每次参与问题讨论的同事、书后的参考文献以及尚未引用的相关文献的作者,他们给了我很多启迪,是我完成写作的动力源泉。他们都是我执教生涯的高人。

是以后记。